Karl-Heinz Keller

Das Übungsheft 6

Name: _____

Klasse: _____

Bestell-Nr. 6502-54 · ISBN 978-3-619-65254-9
© 2007 Mildenberger Verlag GmbH, 77652 Offenburg
Internetadresse: www.mildenberger-verlag.de
E-Mail: info@mildenberger-verlag.de

Auflage	Druck	4	3	2	1
Jahr	2010	2009	2008	2007	

Das Werk und seine Teile sind urheberrechtlich geschützt. Jede Nutzung in anderen als den gesetzlich zugelassenen Fällen bedarf der vorherigen schriftlichen Einwilligung des Verlages. Hinweis zu § 52a UrhG: Weder das Werk noch seine Teile dürfen ohne eine solche Einwilligung eingescannt und in ein Netzwerk eingestellt werden. Dies gilt auch für Intranets von Schulen und sonstigen Bildungseinrichtungen.

Druck: VVA GmbH, Wesel Kommunikation, 76534 Baden-Baden
Gedruckt auf umweltfreundlichen Papieren

Mildenberger Verlag

Trainingsregeln

1. Trainiert täglich etwa 5 bis 10 Minuten.
2. Trainiert gemeinsam in der Klasse.
3. Trainiert so, dass …
… einer nach dem anderen laut vorrechnet, alle mitrechnen (kontrollieren) und das Ergebnis aufschreiben.

Die Beherrschung der wichtigsten Rechenarten ist Voraussetzung für einen erfolgreichen Mathematikunterricht. Dieses Ziel lässt sich am besten erreichen, wenn nach den oben genannten Regeln trainiert wird.

Nur durch konsequentes **tägliches Training**, bei dem wichtige Verfahren immer wieder aufgegriffen werden, ist eine wesentliche Verbesserung der Rechenleistungen zu erreichen.

In jeder Unterrichtsstunde sollte **5 bis 10 Minuten** trainiert werden. Mindestens die Hälfte der für das Kopfrechnen vorgesehenen Zeit soll für das **gemeinsame Üben** verwendet werden.

Gehören verschiedene Aufgabentypen zum täglichen Pensum, sollten von jedem Typ einige nach den **Trainingsregeln** bearbeitet werden.

Das gemeinsame Training ist deshalb so wichtig, weil nur dadurch gewährleistet ist, dass die Schülerinnen und Schüler sich die **richtigen** Rechenwege, Sprech- und Schreibweisen einprägen.

Beim täglichen Kopfrechnen müssen auch die **Kontrollmöglichkeiten** (Tauschaufgaben, Umkehraufgaben, Überschlag …) mit geübt werden. Alle kontrollierten Aufgaben sollen mit einem roten Haken (✓) markiert werden. Eine zusätzliche Kontrollmöglichkeit bieten die **Lösungskarten** (Bestell-Nr. 6502-55).

1

·	9	12		7		20	6		
	36							52	
8									
10			150						
				140					
7					210				
						1 000			2 500
9									

✓ heißt: Ich habe kontrolliert, es stimmt.

2 *

50 ✓ · 7 = 350 $350 : 7 = 50$

· 5 = 60 _____

· 3 = 180 _____

· 2 = 80 _____

· 0 = 900 _____

· 6 = 90 _____

3

9 · ___ = 630 _____

4 · ___ = 56 _____

8 · ___ = 240 _____

7 · ___ = 7 _____

1 · ___ = 88 _____

5 · ___ = 450 _____

4

795 + 6 =

388 + 7 =

593 + 8 =

978 + 9 =

5

412 − 30 =

806 − 10 =

333 − 50 =

627 − 30 =

6

735 − 120 =

341 − 240 =

666 − 370 =

207 − 140 =

7

Zahl a	50	100			130			
$\frac{1}{5}$ a	10 ✓		12					18
$\frac{3}{5}$ a	30 ✓					42		
$\frac{4}{5}$ a	40 ✓			160			800	

* Schreibe „n. l." bei nicht lösbaren Aufgaben.

①

·	5	8	6		7	50
13		130			260	
	150					
33			99	0		

②
7 · 35 =
210 / 35

7 · 53 =
_____

7 · 39 =
_____

7 · 23 =
_____

③
23 · 8 =
_____

32 · 8 =
_____

53 · 8 =
_____

35 · 8 =
_____

④ *
113 · ___ = 678
_____

0 · ___ = 133
_____

313 · ___ = 939
_____

13 · ___ = 390

⑤
2,50 € + 0,90 € + 1,30 € = _____
1,49 € + 5 € + 0,15 € = _____
0,85 € + 2,10 € + 6,50 € = _____
1,99 € + 2,99 € + 0,50 € = _____

⑥
3 km 50 m + 380 m = _____
2 300 m + 4,080 km = _____
6,300 km + 790 m = _____
0,590 km + 2 700 m = _____

⑦
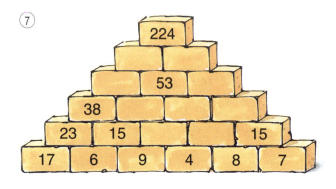

⑧
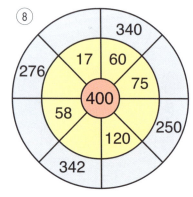

* Schreibe „n. l." bei nicht lösbaren Aufgaben.

1

·		3	10	7	9	1	6		
60	300							480	
		48							176
						66			

2

$65 \cdot 4 =$ 240

$63 \cdot 4 =$

$62 \cdot 9 =$

$65 \cdot 6 =$

3

$26 \cdot 9 =$

$36 \cdot 8 =$

$46 \cdot 7 =$

$56 \cdot 6 =$

4

$\qquad \cdot 116 = 464$

$\qquad \cdot 206 = 618$

$\qquad \cdot 360 = 1800$

$\qquad \cdot 216 = 432$

5

$85 + 19 =$

$85 + 119 =$

$285 + 119 =$

$685 + 119 =$

6

$66 + 18 =$

$166 + 18 =$

$366 + 118 =$

$766 + 218 =$

7

$86 + 17 =$

$86 + 117 =$

$486 + 217 =$

$586 + 317 =$

8

$52 - 15 =$

$152 - 115 =$

$552 - 215 =$

$852 - 515 =$

9

$34 - 16 =$

$234 - 16 =$

$434 - 116 =$

$934 - 616 =$

10

$110 - 19 =$

$310 - 19 =$

$610 - 119 =$

$710 - 419 =$

11

Zahl b	60			420		360	
$\frac{1}{6}b$	10 ✓	100					
$\frac{5}{6}b$							250
$\frac{1}{60}b$			3		2		

①

·		10		6	9	7			
8	40							160	
		800					320		
						280			
14			42						1400

Bei ②, ③ muss der Rest auch dividiert werden. Schreibe den Rest als Bruch.
Beispiel: 59 : 8 = 7 Rest 3   3 : 8 = $\frac{3}{8}$ *

②
59 : 8 = __7 $\frac{3}{8}$__   K: __7·8+3=59__
25 : 8 = _____   K: _____
45 : 8 = _____   K: _____
64 : 8 = _____   K: _____
34 : 8 = _____   K: _____
76 : 8 = _____   K: _____
23 : 8 = _____   K: _____
88 : 8 = _____   K: _____
62 : 8 = _____   K: _____

③
23 : 4 = __5 $\frac{3}{4}$__   K: __5·4+3=23__
17 : 4 = _____   K: _____
26 : 4 = _____   K: _____
15 : 4 = _____   K: _____
36 : 4 = _____   K: _____
18 : 4 = _____   K: _____
35 : 4 = _____   K: _____
22 : 4 = _____   K: _____
3 : 4 = _____   K: _____

④

$\frac{4}{4}$ $\frac{1}{4}$ $\frac{1}{8}$

⑤ Schreibe den Rest als Bruch.

Zahl y	64	50	32	35	44	90
$\frac{1}{4}$ y	16	12$\frac{2}{4}$ / 12$\frac{1}{2}$				
$\frac{1}{8}$ y	8					
$\frac{1}{10}$ y	6$\frac{4}{10}$ / 6$\frac{2}{5}$					

* Bei Nr. 2 und 3 Ergebnisse ausnahmsweise nicht kürzen.

Rechentrick bei (+) plus *

Beispiel 1:

schwer: 196 + 278 =

leicht: 200 + 274 = 474

Erste Zahl (+ 4),
zweite Zahl (− 4).

Beispiel 2:

schwer: 574 + 398 =

leicht: 572 + 400 = 972

Zweite Zahl (+ 2),
erste Zahl (− 2).

---

① 296 + 165 = 461 ✓
300 / 161 / 461

599 + 276 = _____

397 + 483 = _____

198 + 674 = _____

② 503 + 288 = _____

204 + 163 = _____

402 + 388 = _____

601 + 394 = _____

③ 398 + 135 = _____

301 + 278 = _____

199 + 444 = _____

705 + 197 = _____

---

④ 4^4 = 4 · 4 · 4 · 4 = 256

4^3 = _____ = _____

5^2 = _____ = _____

2^4 = _____ = _____

⑤ 8^2 = _____ = _____

10^4 = _____ = _____

3^3 = _____ = _____

6^2 = _____ = _____

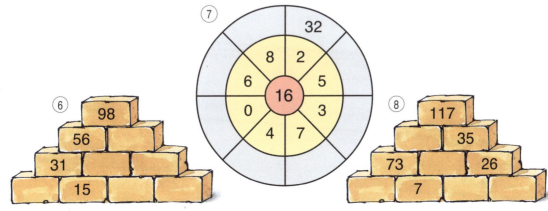

* An einfachen Zahlen überprüfen: 9 + 4 = 10 + 3 oder: 18 + 9 = 17 + 10

1

·				39
2	180			
4				
8				
5				
10		190		
			117	
6				
9				
11				
				0
7				
20				

2

:	9
36	4 ✓
41	$4\frac{5}{9}$ ✓
70	
91	
80	
63	
67	
56	
34	
81	
83	
100	

Kontrolle: (Umkehraufgabe)

$4 \cdot 9 = 36$

$4 \cdot 9 + 5 = 41$

3

1 kg 70 g + 350 g =

680 g + 2,300 kg =

3,5 kg + 1600 g =

190 g + 5 kg 350 g =

4

3 h 10 min + 1 h 50 min =

45 min + 2 h 10 min =

130 min + 1 h 20 min =

$1\frac{1}{2}$ h + 4 h 35 min =

5

$\frac{9}{9}$ $\frac{1}{9}$ $\frac{5}{9}$ $\frac{7}{10}$

6

Zahl z	36	72			540	
$\frac{1}{9}$ z	4 ✓		5			
$\frac{3}{9}$ z	12 ✓			30		48
$\frac{6}{9}$ z						
$\frac{7}{9}$ z					140	

Rechentrick bei ➕ (siehe Seite 7)

① 1,7_5_ € + 3,9_9_ € = **5,74 €** ✓
1,74 / 4,00 / 5,74

3,87 € + 1,99 € = _____

2,99 € + 1,99 € = _____

8,23 € + 2,99 € = _____

5,55 € + 4,99 € = _____

4,38 € + 6,99 € = _____

② 5,9_8_ € + 2,2_6_ € =
6,00 /

3,97 € + 6,44 € = _____

2,66 € + 4,96 € = _____

5,99 € + 1,83 € = _____

3,45 € + 7,97 € = _____

6,98 € + 9,55 € = _____

③ 4^2 = _____ = _____

5^3 = _____ = _____

10^3 = _____ = _____

④ 9^2 = _____ = _____

3^4 = _____ = _____

2^5 = _____ = _____

⑤ * ___ · 18 + 5 = 95
   ___ · 18 + 3 = 58
   ___ · 18 + 9 = 117

⑥ ___ · 16 + 1 = 161
   ___ · 16 + 7 = 87
   ___ · 16 + 2 = 130

⑦ * 3 · ___ + 8 = 278
   0 · ___ + 7 = 156
   7 · ___ + 9 = 289

⑧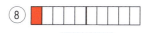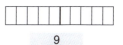

$\frac{9}{10}$

⑨
Zahl a	1230	360				
$\frac{1}{10}$ a	**123**		59		350	
$\frac{5}{10}$ a				80		335
$\frac{7}{10}$ a					770	

* Schreibe „n. l." bei nicht lösbaren Aufgaben.

1

·		3	6	12	7	9			
						49			140
70	350							560	
	51							0	

Schreibe den Rest als Bruch. Beispiel: $60 : 17 = 3$ R 9 $9 : 17 = \frac{9}{17}$

2

$60 : 17 = 3\frac{9}{17}$ ✓

K: $3 \cdot 17 + 9 = 60$

$50 : 17 =$ _____

K: _____

$45 : 17 =$ _____

K: _____

$99 : 17 =$ _____

K: _____

3

$110 : 17 =$ _____

K: _____

$130 : 17 =$ _____

K: _____

$140 : 17 =$ _____

K: _____

$160 : 17 =$ _____

K: _____

4

$70 \cdot \underline{4+} = 300$

$70 \cdot \underline{} = 362$

$70 \cdot \underline{} = 295$

$70 \cdot \underline{} = 708$

$70 \cdot \underline{} = 470$

$70 \cdot \underline{} = 635$

$70 \cdot \underline{} = 445$

$70 \cdot \underline{} = 600$

5

$1000 - 299 =$

$1000 - 565 =$

$1000 - 728 =$

$1000 - 347 =$

6

$320 - 150 =$

$410 - 150 =$

$907 - 150 =$

$613 - 150 =$

7

$815 - 120 =$

$815 - 230 =$

$815 - 340 =$

$815 - 450 =$

8 Schreibe den Rest als ungekürzten Bruch.

Beispiel: $65 : 6 = 10$ R 5 $5 : 6 = \frac{5}{6}$

Zahl x	65	120	240				186
$\frac{1}{6}$ x	$10\frac{5}{6}$				17		
$\frac{1}{7}$ x	$9\frac{2}{7}$			13			
$\frac{1}{8}$ x							
$\frac{1}{10}$ x						21	

① $3 \cdot 25 =$

60/15

$5 \cdot 25 =$

$8 \cdot 25 =$

② $4 \cdot 25 =$

$6 \cdot 25 =$

$10 \cdot 25 =$

③ $9 \cdot 25 =$

$7 \cdot 25 =$

$12 \cdot 25 =$

④ Merke:

$4 \cdot 25 =$	$3 \cdot 25 =$	$10 \cdot 25 =$
$8 \cdot 25 =$	$6 \cdot 25 =$	$20 \cdot 25 =$
$16 \cdot 25 =$	$12 \cdot 25 =$	$40 \cdot 25 =$

Rechentrick bei ➕ (siehe Seite 7)

⑤ $399 + 238 =$

$257 + 698 =$

⑥ $12,99 € + 4,50 € =$

$16,20 € + 3,98 € =$

Rechne so weit du kannst. Fertig, los!

⑦ $3^2 + 1 =$

$3^3 + 3 =$

$3^4 + 9 =$

$3^5 + 7 =$

$3^6 + 1 =$

⑧ $10 \cdot 25 + 10 =$

$12 \cdot 25 + 20 =$

$14 \cdot 25 + 30 =$

$16 \cdot 25 + 40 =$

⑨ $4\,000 : 2 =$

$3\,800 : 2 =$

$3\,600 : 2 =$

$3\,400 : 2 =$

A	B	C	E	F	I	L	M	N	O	P	R	S	U	W	Z	.
0	1	4	5	6	7	8	9	81	125	150	228	235	375	468	482	1000

$108 : 12 =$ $102 : 17 =$ $179 - 178 =$

$0 : 73 =$ $10^3 - 772 =$ $95 : 19 =$

$6 \cdot 38 =$ $486 - 486 =$ $720 : 90 =$

$490 : 70 =$ $500 - 125 =$ $6 \cdot 25 =$

$80 : 16 =$ $299 + 183 =$ $76 \cdot 3 =$

$100 : 25 =$ $1000 - 532 =$ $368 - 363 =$

$276 + 99 =$ $90 : 18 =$ $175 : 25 =$

$430 - 202 =$ $560 : 80 =$ $47 \cdot 5 =$

$660 - 653 =$ $9^2 =$ $5^4 - 620 =$

$125 : 25 =$ $5^3 =$ $10^3 - 0 =$

▢▢▢▢▢ ▢▢▢▢▢▢ ist die einzige ▢▢▢▢ , die

▢▢▢▢ ▢▢▢▢▢▢▢▢▢▢▢▢▢ (1903 für Physik und 1911 für

Chemie) erhielt ▢

1

Zahl b	42	84						
$\frac{1}{7}$ b	6 ✓		15				25	
$\frac{2}{7}$ b	12 ✓							
$\frac{3}{7}$ b					39			
$\frac{5}{7}$ b				100				95
$\frac{6}{7}$ b						102		

2

$10 \cdot 25 =$

$20 \cdot 25 =$

$40 \cdot 25 =$

$30 \cdot 25 =$

3

$4 \cdot 25 =$

$8 \cdot 25 =$

$16 \cdot 25 =$

$32 \cdot 25 =$

4

$3 \cdot 25 =$

$6 \cdot 25 =$

$12 \cdot 25 =$

$24 \cdot 25 =$

5

$3,99 + 2,50 =$

$1,99 + 7,60 =$

$2,98 + 4,35 =$

6

$3,15 + 2,99 =$

$2,60 + 5,98 =$

$5,30 + 2,98 =$

7

$1,97 + 2,30 =$

$4,88 + 2,98 =$

$6,95 + 2,66 =$

8 *

$9 \cdot \quad = 9$

$7 \cdot \quad = 0$

$8 \cdot \quad = 1$

9

$\quad : 18 = 3$

$\quad : 14 = 9$

$\quad : 17 = 6$

10 *

$\quad \cdot 19 = 76$

$\quad \cdot \ 0 = 39$

$\quad \cdot 16 = 80$

11

$15 \cdot \quad + 3 = \ 93$

$25 \cdot \quad + 8 = 133$

$13 \cdot \quad + 9 = 100$

12 Schreibe den Rest als ungekürzten Bruch.
Beispiel: $75 : 10 = 7 \ R \ 5 \qquad 5 : 10 = \frac{5}{10}$

Zahl c	75						
$\frac{1}{10}$ c	$7\frac{5}{10}$		15			$9\frac{2}{10}$	
$\frac{1}{4}$ c		30			15		
$\frac{1}{25}$ c				8			
$\frac{1}{2}$ c							80

* Schreibe „n. l." bei nicht lösbaren Aufgaben.

Mathe-fit-Test 1

①

Zahl y	80	120					
$\frac{1}{10}$ y							54
$\frac{5}{10}$ y			75		125		
$\frac{7}{10}$ y				63			
$\frac{9}{10}$ y						126	

②

$3^3 =$ _____ $=$ _____

$2^6 =$ _____ $=$ _____

$7^2 =$ _____ $=$ _____

$3^4 =$ _____ $=$ _____

③

$8^1 =$ _____ $=$ _____

$2^5 =$ _____ $=$ _____

$4^3 =$ _____ $=$ _____

$5^4 =$ _____ $=$ _____

④

$498 + 365 =$

_____

$487 + 295 =$

_____

⑤

$14{,}99 \,€ + 3{,}25 \,€ =$

_____

$6{,}10 \,€ + 9{,}98 \,€ =$

_____

⑥

$1000 - 350 =$

$1000 - 465 =$

$1000 - 628 =$

⑦

$540 - 68 =$

$620 - 75 =$

$704 - 92 =$

⑧

$733 - 300 =$

$733 - 440 =$

$733 - 568 =$

⑨

$64 :$ ___ $= 4$

$96 :$ ___ $= 8$

$75 :$ ___ $= 3$

⑩

___ $\cdot 17 + 3 = 88$

___ $\cdot 14 + 4 = 130$

___ $\cdot 19 + 8 = 65$

⑪

$7 \cdot$ ___ $+ 12 = 97$

$8 \cdot$ ___ $+ 1 = 0$

$3 \cdot$ ___ $+ 17 = 17$

⑫

Zahl e	65	40	70			
$\frac{1}{3}$ e	$21\frac{2}{3}$			$9\frac{1}{3}$		
$\frac{1}{5}$ e					$7\frac{4}{5}$	
$\frac{1}{8}$ e						$11\frac{2}{8}$

Du hast ☐ Aufgaben richtig gelöst.

Rechentrick bei minus*

Beispiel 1:
schwer: 34**7** – 19**6** =

leicht: 351 – 200 = 151

Beispiel 2:
schwer: 80**2** – 58**8** =

leicht: 800 – 586 = 214

*Achtung: Bei **minus** beide Zahlen gleichmäßig verändern!*

Zweite Zahl (+ 4),
erste Zahl + 4 .

Erste Zahl (– 2),
zweite Zahl – 2 .

① 548 – 397 =
551 – 400

362 – 199 =

738 – 498 =

475 – 397 =

② 799 – 556 =

602 – 357 =

898 – 174 =

301 – 286 =

③ 925 – 795 =

299 – 164 =

602 – 427 =

550 – 399 =

④

$\frac{1}{3}$ $\frac{1}{6}$ $\frac{2}{3}$ $\frac{3}{6}$ $\frac{5}{6}$ $\frac{4}{6}$

⑤

Zahl a	120	90	42	180	54	360	2 400	6 000
$\frac{1}{3}$ a								
$\frac{2}{3}$ a								
$\frac{1}{6}$ a								
$\frac{3}{6}$ a								
$\frac{5}{6}$ a								

* An einfachen Zahlen überprüfen: 13 – 7 = 10 – 4 oder: 29 – 7 = 30 – 8

1

·	3	13
3		
	21	
9		
		0
8		

2

·	3	
5		150
20		
	18	
		120
12		

3

·	6	16
4		
	48	
3		
	36	
11		

4

·	6	60
	30	
20		
	54	
15		
	42	

Erweitere mit 3:

5) $\frac{3}{7} = \frac{9}{21}$

6) $\frac{6}{11} = $ ——

Erweitere mit 6:

7) $\frac{3}{7} = \frac{18}{42}$

8) $\frac{2}{25} = $ ——

$\frac{2}{15} = $ ——

$\frac{8}{9} = $ ——

$\frac{6}{15} = $ ——

$\frac{4}{7} = $ ——

$\frac{5}{7} = $ ——

$\frac{3}{12} = $ ——

$\frac{5}{12} = $ ——

$\frac{9}{13} = $ ——

$\frac{4}{14} = $ ——

$\frac{13}{16} = $ ——

$\frac{3}{8} = $ ——

$\frac{17}{20} = $ ——

Rechentrick bei   Denke daran: Du musst beide Zahlen … (siehe Seite 15)

9)
16,50 € − 2,99 € =
16,51 − 3,00

6,23 € − 1,99 € =

34,90 € − 6,98 € =

8,78 € − 3,99 € =

52,60 € − 9,99 € =

27,35 € − 5,98 € =

10)
7,50 m − 399 cm =

3,15 m − 99 cm =

10,83 m − 2,98 m =

6,05 m − 197 cm =

13,66 m − 6,99 m =

750 cm − 4,98 m =

1

·			10				7	
65	195					65		
116		580			0			
			360					720
56			224					

2

102 : 6 =

$$\underline{60 \,/\, 42}$$

117 : 9 =

133 : 7 =

3

96 : 12 =

120 : 12 =

135 : 15 =

120 : 15 =

150 : 25 =

175 : 25 =

4

· 14 = 112

· 16 = 112

· 12 = 72

· 15 = 105

· 12 = 108

· 25 = 200

Erweitern. Ergänze die fehlenden Zahlen (Zähler oder Nenner).

5

$$\frac{5}{9} = \frac{}{45}$$

$$\frac{7}{16} = \frac{}{64}$$

$$\frac{3}{25} = \frac{}{125}$$

6

$$\frac{7}{15} = \frac{63}{}$$

$$\frac{9}{12} = \frac{72}{}$$

$$\frac{17}{60} = \frac{102}{}$$

7

$$\frac{}{25} = \frac{78}{150}$$

$$\frac{}{15} = \frac{84}{105}$$

$$\frac{}{12} = \frac{90}{108}$$

8

$$\frac{9}{16} = \frac{54}{}$$

$$\frac{11}{} = \frac{77}{91}$$

$$\frac{14}{} = \frac{70}{75}$$

Rechentrick bei ⊖ (siehe Seite 15)

9

7,98 € − 3,46 € =

$$\underline{8 -}$$

16,99 € − 5,53 € =

9,74 € − 5,98 € =

10

25,85 € − 3,99 € =

9,99 € − 7,06 € =

30,70 € − 20,98 € =

①

+		24		47
55	73			
		100		
48			118	
				144

② *

−	25	40		
100				
		43		
74			12	
96				18

Kürze so weit wie möglich.

③ $\dfrac{12}{16} = \dfrac{3}{4}$

$\dfrac{16}{24} = \dfrac{\ \ }{3}$

$\dfrac{3}{9} = \underline{\quad}$

$\dfrac{14}{21} = \underline{\quad}$

④ $\dfrac{10}{15} = \underline{\quad}$

$\dfrac{4}{18} = \underline{\quad}$

$\dfrac{20}{26} = \underline{\quad}$

$\dfrac{9}{12} = \underline{\quad}$

⑤ $\dfrac{16}{32} = \underline{\quad}$

$\dfrac{16}{28} = \underline{\quad}$

$\dfrac{24}{40} = \underline{\quad}$

$\dfrac{7}{13} = \underline{\quad}$

⑥ $\dfrac{48}{72} = \underline{\quad}$

$\dfrac{6}{12} = \underline{\quad}$

$\dfrac{5}{20} = \underline{\quad}$

$\dfrac{10}{100} = \underline{\quad}$

Rechentrick bei ⋮ geteilt durch

Beispiel:

schwer: 36 0~~00~~ : 4~~00~~ =   Kürze durch 10, 100 oder …

leicht: 360 : 4 = **90**

---

⑦

36 0~~00~~ : 3~~00~~ =

36 00~~0~~ :   3~~0~~ =

36 ~~000~~ : 3 ~~000~~ =

2 700 : 900 =

2 700 :   90 =

2 700 :   9 =

32 000 : 8 000 =

32 000 :   80 =

32 000 : 800 =

⑧

560 :   80 =

560 :   70 =

560 :   20 =

48 000 : 800 =

48 000 :   80 =

48 000 : 8 000 =

2 400 :   4 =

2 400 : 400 =

2 400 :   40 =

⑨

2 400 :   80 =

12 000 : 400 =

480 :   40 =

57 000 : 7 000 =

2 100 : 300 =

45 000 : 9 000 =

21 000 : 700 =

1 800 :   60 =

40 000 : 8 000 =

* Schreibe „n. l." bei nicht lösbaren Aufgaben.

1

·		25
3	36	
		200
	60	
		175
4		
	108	
20		

2

$50 : 16 = 3\frac{2}{16}$ K: $3 \cdot 16 + 2 =$ _____

$50 : 17 =$ K: _____

$50 : 18 =$ K: _____

$50 : 19 =$ K: _____

$: 14 = 7\frac{3}{14}$ K: _____

$: 18 = 9\frac{7}{18}$ K: _____

$: 15 = 8\frac{6}{15}$ K: _____

$: 13 = 6\frac{7}{13}$ K: _____

Bei einigen Aufgaben kannst du einen Rechentrick anwenden. Kreuze diese Aufgaben zuerst an.

3

$667 - 280 =$

$467/387$ _____

✗ $5\underline{7}3 - 19\underline{9} =$

_____

$482 - 350 =$

_____

$899 - 675 =$

_____

4

$713 - 398 =$

_____

$345 - 135 =$

_____

$661 - 299 =$

_____

$533 - 218 =$

_____

5

$957 - 723 =$

_____

$498 - 178 =$

_____

$820 - 245 =$

_____

$764 - 598 =$

_____

6

$8^2 =$ $10^2 =$ $12^2 =$ $14^2 =$

$9^2 =$ $11^2 =$ $13^2 =$ $15^2 =$

7 Schreibe den Rest als Bruch.

Zahl x	60	75	90	84	100		
$\frac{1}{25}x$	$2\frac{10}{25}$						
$\frac{1}{7}x$							$15\frac{2}{7}$
$\frac{1}{12}x$						$3\frac{4}{12}$	

19

1

−	30		52	69
	64			
72		47		
116				
				16

2

+	19	87		26
	46			
		130		
111			149	
				124

Erweitern. Ergänze die fehlenden Zahlen (Zähler oder Nenner).

3

$\dfrac{3}{25} = \dfrac{9}{\rule{1cm}{0.4pt}}$

$\dfrac{6}{25} = \dfrac{12}{\rule{1cm}{0.4pt}}$

$\dfrac{14}{25} = \dfrac{56}{\rule{1cm}{0.4pt}}$

$\dfrac{7}{25} = \dfrac{49}{\rule{1cm}{0.4pt}}$

4

$\dfrac{5}{7} = \dfrac{\rule{1cm}{0.4pt}}{84}$

$\dfrac{3}{7} = \dfrac{\rule{1cm}{0.4pt}}{105}$

$\dfrac{2}{9} = \dfrac{\rule{1cm}{0.4pt}}{72}$

$\dfrac{3}{8} = \dfrac{\rule{1cm}{0.4pt}}{104}$

5

$\dfrac{9}{\rule{1cm}{0.4pt}} = \dfrac{36}{100}$

$\dfrac{9}{\rule{1cm}{0.4pt}} = \dfrac{45}{60}$

$\dfrac{9}{\rule{1cm}{0.4pt}} = \dfrac{72}{120}$

$\dfrac{9}{\rule{1cm}{0.4pt}} = \dfrac{63}{98}$

6

$\dfrac{\rule{1cm}{0.4pt}}{25} = \dfrac{108}{225}$

$\dfrac{13}{18} = \dfrac{\rule{1cm}{0.4pt}}{72}$

$\dfrac{15}{\rule{1cm}{0.4pt}} = \dfrac{90}{96}$

$\dfrac{7}{14} = \dfrac{63}{\rule{1cm}{0.4pt}}$

Rechentrick bei ⊕ (siehe Seite 7)

7

$327 + 79 =$

326 / 80 / 406

$452 + 68 =$

$399 + 83 =$

$598 + 56 =$

8

$1450 + 199 =$

$3607 + 398 =$

$5300 + 599 =$

$2156 + 299 =$

9

$99 + 257 =$

$717 + 198 =$

$698 + \ 73 =$

$98 + 467 =$

10

Zahl y	45	90	150	105			
$\frac{1}{15}$ y					8		
$\frac{12}{15}$ y						60	
$\frac{14}{15}$ y							14

Kürze so weit wie möglich.

① $\frac{12}{48} = \frac{3}{12} = \frac{1}{4}$ ② $\frac{14}{56} =$ ③ $\frac{8}{18} =$

$\frac{12}{21} =$ $\frac{16}{24} =$ $\frac{9}{48} =$

$\frac{12}{15} =$ $\frac{15}{75} =$ $\frac{10}{25} =$

$\frac{16}{68} =$ $\frac{6}{15} =$ $\frac{36}{60} =$

Rechentrick bei (siehe Seite 7) und bei ⊖ (siehe Seite 15)

④ 375 + 499 =
374 / 500

536 + 198 =

699 + 243 =

627 + 397 =

⑤ 343 − 199 =
344 − 200

699 − 372 =

546 − 298 =

958 − 799 =

⑥ 6,55 € + 0,99 € =

5,18 € − 2,99 € =

7,60 € + 3,98 € =

7,60 € − 3,98 € =

Rechne so weit du kannst. Fertig, los!

⑦ $2 \cdot 25 + 2^2 =$
$4 \cdot 25 + 3^2 =$
$8 \cdot 25 + 4^2 =$
$16 \cdot 25 + 5^2 =$

⑧ $\frac{1}{2}$ von 10 000 =
$\frac{1}{2}$ von 12 000 =
$\frac{1}{2}$ von 14 000 =
$\frac{1}{2}$ von 16 000 =

⑨ 250 − 199 =
355 − 299 =
460 − 399 =
565 − 499 =

A	D	E	G	I	L	M	N	R	S	T	U
0	4	12	40	42	75	169	196	225	400	765	800

126 : 3 =   167 + 598 =   84 : 7 =

14^2 = 10^3 − 235 = $\frac{1}{2}$ von 392 =

$\frac{6}{7}$ von 49 =   72 : 6 = $\frac{5}{9}$ von 72 =

694 − 498 = 15^2 = 9^2 − 69 =

$\frac{2}{7}$ von 14 =   399 + 366 =   3 · 25 =

210 : 5 = $\frac{1}{8}$ von 96 =   86 · 0 =

411 − 399 =   9 · 25 = 11^2 + 104 =

49 · 4 =   711 − 699 =   568 − 399 =

13^2 =   16 · 25 = $\frac{3}{10}$ von 40 =

32 · 25 =   0 : 350 =   795 − 599 =

☐ ☐☐☐☐ wurde ☐☐☐☐☐ ☐☐☐☐☐ ,

die 1979 den Friedensnobelpreis erhielt,

☐☐☐☐ der ☐☐☐☐ genannt.

Kürze zuerst durch 100, 1 000 oder 10.

①
27 000 : 900 =

5 000 : 200 =

24 000 : 80 =

2 700 : 300 =

2 400 : 800 =

②
8 100 : 900 =

72 000 : 8 000 =

6 000 : 300 =

24 000 : 6 000 =

5 400 : 900 =

③
63 000 : 7 000 =

10 000 : 500 =

3 000 : 60 =

32 000 : 4 000 =

1 800 : 300 =

Auswendig!

④
$11^2 =$

$8^2 =$

⑤
$9^2 =$

$13^2 =$

⑥
$10^2 =$

$15^2 =$

⑦
$12^2 =$

$14^2 =$

Ergänze die fehlenden Zahlen.

⑧
$\dfrac{3}{7} = \dfrac{}{63}$

$\dfrac{6}{25} = \dfrac{48}{}$

⑨
$\dfrac{9}{12} = \dfrac{}{84}$

$\dfrac{5}{8} = \dfrac{60}{}$

⑩
$\dfrac{}{25} = \dfrac{48}{75}$

$\dfrac{14}{} = \dfrac{126}{135}$

⑪
$\dfrac{5}{} = \dfrac{75}{90}$

$\dfrac{}{17} = \dfrac{78}{102}$

Auswendig!

⑫

·	3	6	9	4	8	16	7	5	12	32
25										
12										

Kürze so weit wie möglich.

⑬
$\dfrac{9}{15} = $

$\dfrac{21}{56} = $

$\dfrac{14}{42} = $

⑭
$\dfrac{15}{60} = $

$\dfrac{18}{21} = $

$\dfrac{40}{200} = $

⑮
$\dfrac{24}{56} = $

$\dfrac{27}{72} = $

$\dfrac{16}{96} = $

⑯
$\dfrac{30}{35} = $

$\dfrac{40}{64} = $

$\dfrac{7}{49} = $

Mathe-fit-Test 2

Achtung: (+) oder (−)!

①
765 − 230 =

324 − 199 =

588 − 340 =

607 − 498 =

②
524 + 399 =

270 + 450 =

753 + 220 =

481 + 298 =

③
666 − 299 =

426 + 299 =

950 − 798 =

365 + 498 =

④ $3^3 =$

$2^6 =$

⑤ $10^4 =$

$15^2 =$

⑥ $13^2 =$

$5^3 =$

⑦ $4^3 =$

$12^2 =$

Kürze so weit wie möglich.

⑧ $\frac{36}{96} = \underline{\qquad}$

$\frac{30}{42} = \underline{\qquad}$

⑨ $\frac{27}{30} = \underline{\qquad}$

$\frac{7}{56} = \underline{\qquad}$

⑩ $\frac{35}{40} = \underline{\qquad}$

$\frac{21}{28} = \underline{\qquad}$

⑪ $\frac{12}{72} = \underline{\qquad}$

$\frac{18}{162} = \underline{\qquad}$

⑫
320 000 : 8 000 =

75 000 : 5 000 =

21 000 :   300 =

630 000 : 9 000 =

6 400 :   800 =

⑬
: 32 = 7   K: _____

: 64 = 5   K: _____

: 28 = 6   K: _____

: 73 = 4   K: _____

: 49 = 8   K: _____

Erweitere.

⑭ $\frac{3}{8} = \frac{\qquad}{56}$

$\frac{4}{9} = \frac{\qquad}{63}$

⑮ $\frac{2}{7} = \frac{10}{\qquad}$

$\frac{5}{8} = \frac{75}{\qquad}$

⑯ $\frac{3}{4} = \frac{30}{\qquad}$

$\frac{6}{7} = \frac{48}{\qquad}$

⑰ $\frac{9}{17} = \frac{\qquad}{68}$

$\frac{16}{25} = \frac{128}{\qquad}$

⑱

Zahl a	30	55	89	130	191	1 300
$\frac{1}{4}$ a	$7\frac{2}{4}$					

Du hast ☐ Aufgaben richtig gelöst.

$$\frac{3}{4}+\frac{5}{6} = \frac{9+10}{12} = \frac{19}{12} = 1\frac{7}{12} \checkmark \qquad K: \frac{19}{12}-\frac{5}{6} = \frac{19-10}{12} = \frac{9}{12} = \frac{3}{4}$$

Kontrolliere mit der Umkehraufgabe. ✓ heißt: Ich habe kontrolliert, es stimmt.

① $\frac{3}{4}+\frac{5}{8} =$ _____ K: _____

② $\frac{5}{6}+\frac{1}{8} =$ _____ K: _____

③ $\frac{3}{8}+\frac{1}{6} =$ _____ K: _____

④ $\frac{1}{2}+\frac{4}{5} =$ _____ K: _____

⑤ $\frac{3}{5}+\frac{3}{8} =$ _____ K: _____

⑥ $\frac{1}{6}+\frac{5}{7} =$ _____ K: _____

Auswendig!

⑦

·	5		8	16	3		12	7	9
25									
		52			39				
15						90			

Rechentrick bei ⊕ und ⊖ (siehe Seite 7 und 15).

⑧

5,60 € − 2,99 € =

3,25 € − 1,98 € =

9,99 € − 5,85 € =

7,20 € − 3,99 € =

⑨

3,56 € + 1,99 € =

7,99 € + 2,50 € =

8,20 € + 1,98 € =

6,43 € + 3,99 € =

$$\frac{5}{6}-\frac{3}{4} = \frac{10-9}{12} = \frac{1}{12} \checkmark \qquad K: \frac{1}{12}+\frac{3}{4} = \frac{1+9}{12} = \frac{10}{12} = \frac{5}{6}$$

Kontrolliere mit der Umkehraufgabe.

① $\frac{3}{4} - \frac{1}{5} =$ _____ K: _____

② $\frac{3}{4} - \frac{3}{7} =$ _____ K: _____

③ $\frac{5}{8} - \frac{2}{5} =$ _____ K: _____

④ $\frac{5}{7} - \frac{3}{5} =$ _____ K: _____

⑤ $\frac{7}{9} - \frac{3}{4} =$ _____ K: _____

⑥ $\frac{5}{6} - \frac{2}{7} =$ _____ K: _____

⑦ **Merke:**

2 · 75 =	3 · 75 =	5 · 75 =
4 · 75 =	6 · 75 =	10 · 75 =
8 · 75 =	12 · 75 =	20 · 75 =

Rechne von unten nach oben, zur Kontrolle von oben nach unten oder umgekehrt.

⑧
```
    2,50
+   6,99
+   1,17
+  12,80
+   2,99
+   0,99
_____
```

⑨
```
   16,50
+   6,90
+   1,35
+  12,60
+   3,98
+   1,10
_____
```

⑩
```
  155,50
+  83,—
+  56,35
+ 399,—
+  16,80
+ 105,—
_____
```

⑪
```
    2,75
+  20,—
+   1,98
+   0,99
+   6,50
+  17,38
_____
```

a) $3 \cdot \frac{1}{4} = \frac{3}{4}$ b) $20 \cdot \frac{3}{8} = \frac{60}{8} = 7\frac{1}{2}$ c) $\frac{3}{\cancel{4}_2} \cdot \frac{\cancel{2}^1}{7} = \frac{3}{14}$

① $5 \cdot \frac{1}{8} =$ _____   ② $10 \cdot \frac{1}{4} =$ _____   ③ $\frac{3}{4} \cdot \frac{3}{8} =$ _____

$3 \cdot \frac{5}{7} =$ _____ $20 \cdot \frac{5}{6} =$ _____ $\frac{5}{7} \cdot \frac{1}{4} =$ _____

$4 \cdot \frac{7}{9} =$ _____ $10 \cdot \frac{3}{4} =$ _____ $\frac{4}{5} \cdot \frac{1}{2} =$ _____

$6 \cdot \frac{5}{16} =$ _____ $30 \cdot \frac{2}{7} =$ _____ $\frac{5}{6} \cdot \frac{1}{8} =$ _____

$5 \cdot \frac{9}{17} =$ _____ $50 \cdot \frac{1}{2} =$ _____ $\frac{7}{9} \cdot \frac{3}{4} =$ _____

$9 \cdot \frac{4}{25} =$ _____ $40 \cdot \frac{1}{3} =$ _____ $\frac{5}{16} \cdot \frac{2}{5} =$ _____

Rechentrick bei 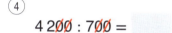 (siehe Seite 18)

④
4 2̸0̸0̸ : 7̸0̸0̸ =
35 000 : 500 =
2 400 : 60 =
27 000 : 900 =

⑤
2 700 : 300 =
560 : 80 =
2 800 : 400 =
450 : 50 =

⑥
21 000 : 700 =
2 100 : 300 =
48 000 : 600 =
7 200 : 80 =

⑦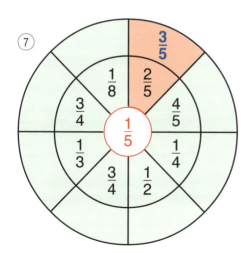

⑧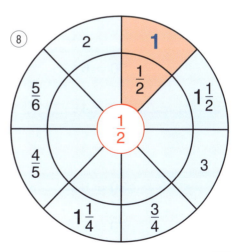

$$\text{a) } \frac{3}{4} : 5 = \frac{3}{4 \cdot 5} = \frac{3}{20} \qquad \text{b) } \frac{3}{4} : \frac{1}{8} = \frac{3}{4} \cdot \frac{8}{1} = \frac{24}{4} = 6$$

(1) $\frac{3}{4} : 6 =$ _____

(2) $\frac{2}{5} : 4 =$ _____

(3) $\frac{5}{12} : 7 =$ _____

(4) $\frac{7}{15} : 8 =$ _____

(5) $\frac{3}{8} : 6 =$ _____

(6) $\frac{6}{25} : 5 =$ _____

(7) $\frac{3}{4} : \frac{1}{2} =$ _____

(8) $\frac{5}{12} : \frac{3}{8} =$ _____

(9) $\frac{7}{9} : \frac{4}{5} =$ _____

(10) $\frac{12}{25} : \frac{3}{7} =$ _____

(11) $\frac{7}{12} : \frac{5}{6} =$ _____

(12) $\frac{6}{15} : \frac{3}{5} =$ _____

(13)

·			
5			
4		100	
8			600
3	45		
6			
7			

(14)

:	60	40	70
320	$5\frac{20}{60}$		
			6
		$8\frac{3\cancel{0}}{4\cancel{0}}$	
300			
		7	
			9

(15) _____ $: 40 = 8\frac{3}{4}$ K: $8\frac{3}{4} \cdot 40 = \frac{35}{\cancel{4}_1} \cdot \cancel{40}_{10} = 35 \cdot 10 =$ _____

(16) _____ $: 60 = 6\frac{1}{6}$ K: _____

(17) _____ $: 70 = 4\frac{2}{7}$ K: _____

(18) _____ $: 80 = 4\frac{3}{8}$ K: _____

(19) _____ $: 30 = 9\frac{4}{5}$ K: _____

(20) _____ $: 70 = 7\frac{9}{10}$ K: _____

$$2\frac{1}{4} : 1\frac{5}{8} = \frac{9}{4} : \frac{13}{8} = \frac{9}{4} \cdot \frac{8}{13} = \frac{72}{52} = 1\frac{20}{52} = 1\frac{5}{13}$$

① $3\frac{1}{2} : \frac{3}{8} =$ _____

② $2\frac{1}{2} : 1\frac{1}{6} =$ _____

③ $3\frac{1}{3} : 2\frac{5}{6} =$ _____

④ $4\frac{5}{7} : \frac{3}{4} =$ _____

⑤ $3\frac{3}{4} : 2\frac{3}{5} =$ _____

⑥ $5\frac{3}{12} : 1\frac{2}{3} =$ _____

⑦ $2\frac{5}{6} : \frac{7}{9} =$ _____

⑧ $3\frac{4}{25} : 2\frac{1}{2} =$ _____

Rechentrick bei mal

Beispiel:

schwer: 6,99 € · 5 =

leicht: 7 € · 5 = 35 €   35 € − 5 ct = 34,95 €

Zuerst 7 € · 5, dann − 5 ct.

⑨
6,99 € · 3 =
3,99 € · 5 =
1,99 € · 9 =
2,99 € · 7 =
4,99 € · 8 =
8,99 € · 2 =

⑩
10,99 € · 3 =
4,99 € · 6 =
12,99 € · 4 =
5,99 € · 2 =
13,99 € · 3 =
7,99 € · 7 =

⑪
3,98 € · 4 =
1,98 € · 8 =
5,98 € · 6 =
4,95 € · 5 =
9,95 € · 2 =
6,95 € · 7 =

$$\frac{6}{7} : \frac{3}{4} = \frac{\cancel{6}^{\,2}}{7} \cdot \frac{4}{\cancel{3}_{\,1}} = \frac{8}{7} = 1\frac{1}{7} \checkmark \qquad K: 1\frac{1}{7} \cdot \frac{3}{4} = \frac{8}{7} \cdot \frac{3}{4} = \frac{24}{28} = \frac{6}{7}$$

Kontrolliere mit der Umkehraufgabe.[*]

(1) $\frac{3}{4} : 7 =$ _____ K: _____

(2) $\frac{3}{5} : \frac{1}{6} =$ _____ K: _____

(3) $\frac{7}{12} : 3 =$ _____ K: _____

(4) $\frac{5}{8} : \frac{0}{4} =$ _____ K: _____

(5) $\frac{1}{4} : \frac{4}{5} =$ _____ K: _____

(6) $\frac{8}{15} : 3 =$ _____ K: _____

Auswendig!

(7)

·		4	8			9		5	
		300							
25				75					
					0		84	60	
15	90								300

Rechne von unten nach oben, zur Kontrolle von oben nach unten oder umgekehrt.

(8)
```
      3,65
 +    1,09
 +   12,50
 +   23,—
 +    7,99
 +    0,98
 _____

```

(9)
```
    125,—
 +   96,—
 +   37,90
 +  118,—
 +   96,50
 _____

```

(10)
```
      1,99
 +   17,60
 +    3,36
 +    9,99
 +   15,—
 _____

```

(11)
```
      1,66
 +    0,99
 +    3,44
 +   10,—
 +    8,97
 +    3,99
 _____

```

[*] Schreibe „n. l." bei nicht lösbaren Aufgaben.

Kontrolliere mit der Umkehraufgabe.

① $517 - 399 =$ _____ K: **+399=517**

② $236 + 498 =$ _____ K: _____

③ $1\frac{2}{5} - \frac{1}{4} =$ _____ K: _____

④ $\frac{5}{6} + 1\frac{1}{2} =$ _____ K: _____

⑤ $216 \cdot 3 =$ _____ K: _____

⑥ $200 : 25 =$ _____ K: _____

⑦ $\frac{3}{7} : \frac{1}{4} =$ _____ K: _____

⑧ $\frac{5}{12} \cdot \frac{3}{5} =$ _____ K: _____

⑨ 　　　　　　　⑩ 　　　　　　　⑪ 　　　　　　　⑫

$11^2 =$ 　　　　$3^3 =$ 　　　　$2^4 =$ 　　　　$3^4 =$

$12^2 =$ 　　　　$4^3 =$ 　　　　$2^5 =$ 　　　　$3^5 =$

$13^2 =$ 　　　　$5^3 =$ 　　　　$2^6 =$ 　　　　$4^4 =$

$14^2 =$ 　　　　$6^3 =$ 　　　　$2^7 =$ 　　　　$5^4 =$

$15^2 =$ 　　　　$10^3 =$ 　　　　$2^8 =$ 　　　　$10^1 =$

Rechentrick bei ➕ ➖ • (siehe Seite 7, 15 und 29)

⑬

$24,50 \, € + 4,99 \, € =$

$6,85 \, € + 1,98 \, € =$

$17,80 \, € - 3,99 \, € =$

$7,33 \, € - 2,98 \, € =$

⑭

$2,99 \, € \cdot 6 =$

$7,98 \, € \cdot 2 =$

$4,99 \, € \cdot 5 =$

$8,98 \, € \cdot 3 =$

⑮

+	75	49		
	150		200	
		144		245

⑯

−		36	99	
120	65			0
		164		

A	C	D	E	G	H	I	L	N	O	P	R	S	T	U	W	.
0	$\frac{3}{20}$	$\frac{1}{4}$	$\frac{4}{5}$	1	16	87	144	169	196	225	300	388	585	600	625	1000

$189 + 199 =$ $494 - 350 =$ $13^2 =$

$14^2 =$ $12^2 =$ $\frac{1}{32} \cdot 8 =$

$3 \cdot 75 =$ $125 \cdot 5 =$ $97 : \frac{1}{4} =$

$4 : \frac{1}{4} =$ $174 : 2 =$ $\frac{3}{5} : \frac{9}{15} =$

$386 - 299 =$ $\frac{5}{28} : \frac{5}{7} =$ $35 : \frac{7}{60} =$

$\frac{17}{40} : \frac{3}{8} =$ $\frac{21}{20} - \frac{1}{4} =$ $8 \cdot 75 =$

$194 \cdot 2 =$ $400 \cdot \frac{3}{4} =$ $624 - 399 =$

$\frac{3}{4} \cdot \frac{1}{5} =$ $887 - 499 =$ $15^2 =$

$64 : 4 =$ $165 + 420 =$ $\frac{24}{5} : 6 =$

$128 + 68 =$ $3\frac{1}{2} \cdot \frac{0}{7} =$ $468 + 532 =$

☐☐☐☐☐ ☐☐☐☐☐ wurde am 22.2.1943 mit ihrem Bruder Hans in München hingerichtet, weil sie sich mit der

☐☐☐☐☐☐☐☐☐☐☐☐☐ „Weiße Rose" gegen den Naziterror wehrte ☐

Was fällt auf?

①
$40 : 8 =$

$40 : 4 =$

$40 : 2 =$

$\boxed{40 : 1 =}$

$40 : \frac{1}{2} =$

$40 : \frac{1}{4} =$

$40 : \frac{1}{8} =$

②
$100 : 10 =$

$100 : 5 =$

$100 : 2 =$

$\boxed{100 : 1 =}$

$100 : \frac{1}{2} =$

$100 : \frac{1}{5} =$

$100 : \frac{1}{10} =$

③
$72 : 12 =$

$72 : 8 =$

$72 : 4 =$

$\boxed{72 : 1 =}$

$72 : \frac{1}{4} =$

$72 : \frac{1}{8} =$

$72 : \frac{1}{12} =$

Löse mit Hilfe der Umkehraufgabe.

④ $\quad : \frac{1}{3} = 6\frac{1}{2}$ $\qquad$ K: $6\frac{1}{2} \cdot \frac{1}{3} =$ _____

⑤ $\quad : \frac{3}{8} = 1\frac{1}{5}$ $\qquad$ K: _____

⑥ $\quad - \frac{4}{5} = \frac{5}{6}$ $\qquad$ K: _____

⑦ $\quad - \frac{5}{7} = 1\frac{1}{3}$ $\qquad$ K: _____

⑧ $\quad \cdot \frac{3}{4} = \frac{3}{25}$ $\qquad$ K: _____

⑨ $\quad \cdot 1\frac{1}{2} = \frac{5}{12}$ $\qquad$ K: _____

⑩ $\quad + \frac{3}{4} = 2\frac{1}{3}$ $\qquad$ K: _____

⑪ $\quad + 1\frac{1}{8} = 1\frac{3}{4}$ $\qquad$ K: _____

⑫
$10^2 =$

$11^2 =$

$12^2 =$

$13^2 =$

$14^2 =$

$15^2 =$

⑬
$5 \cdot 25 =$

$8 \cdot 25 =$

$6 \cdot 25 =$

$9 \cdot 25 =$

$7 \cdot 25 =$

$16 \cdot 25 =$

⑭
$7 \cdot 12 =$

$8 \cdot 15 =$

$6 \cdot 12 =$

$5 \cdot 15 =$

$9 \cdot 12 =$

$7 \cdot 15 =$

Mathe-fit-Test 3

①

$6 \cdot 25 =$

$9 \cdot 25 =$

$7 \cdot 25 =$

$8 \cdot 12 =$

$6 \cdot 15 =$

$9 \cdot 13 =$

②

$4 \cdot 75 =$

$8 \cdot 75 =$

$5 \cdot 75 =$

$9 \cdot 75 =$

$0 \cdot 75 =$

$7 \cdot 75 =$

③

$84 : 12 =$

$200 : 25 =$

$78 : 13 =$

$225 : 75 =$

$135 : 15 =$

$450 : 75 =$

Kontrolliere mit der Umkehraufgabe.

④ $\frac{1}{4} + \frac{3}{8} =$ _____ K: _____

⑤ $\frac{3}{7} + \frac{1}{3} =$ _____ K: _____

⑥ $\frac{2}{3} - \frac{4}{5} =$ _____ K: _____

⑦ $\frac{5}{6} - \frac{3}{4} =$ _____ K: _____

⑧ $6 \cdot \frac{5}{12} =$ _____ K: _____

⑨ $\frac{3}{7} \cdot \frac{1}{4} =$ _____ K: _____

⑩ $\frac{5}{9} : 3 =$ _____ K: _____

⑪ $\frac{7}{10} : \frac{3}{4} =$ _____ K: _____

⑫

$4,75 € - 1,99 € =$

$3,68 € - 2,50 € =$

$7,38 € - 3,98 € =$

$3,26 € + 3,99 € =$

$7,53 € + 4,98 € =$

$6,17 € + 2,30 € =$

⑬

$7,50 € \cdot 3 =$

$12,10 € \cdot 4 =$

$6,99 € \cdot 5 =$

$13,99 € \cdot 4 =$

$1,99 € \cdot 8 =$

$10,60 € \cdot 6 =$

Du hast ☐ Aufgaben richtig gelöst.

a) $\dfrac{3}{5} = \dfrac{6}{10}$ b) $\dfrac{1}{25} = \dfrac{4}{100}$ c) $\dfrac{1}{8} = \dfrac{125}{1\,000}$

Erweitere auf Zehntel, Hundertstel oder Tausendstel.

①
$$\frac{1}{2} = \frac{5}{10}$$
$$\frac{1}{4} = \frac{}{100}$$
$$\frac{3}{4} = \frac{}{100}$$

②
$$\frac{1}{5} = \underline{\qquad}$$
$$\frac{3}{8} = \underline{\qquad}$$
$$\frac{1}{20} = \underline{\qquad}$$

③
$$\frac{2}{5} = \underline{\qquad}$$
$$\frac{5}{8} = \underline{\qquad}$$
$$\frac{3}{25} = \underline{\qquad}$$

④ *
$$\frac{11}{20} = \underline{\qquad}$$
$$\frac{1}{3} = \underline{\qquad}$$
$$\frac{7}{8} = \underline{\qquad}$$

Schreibe als Dezimalzahl.

⑤
$$\frac{6}{10} = 0{,}6$$
$$\frac{5}{10} =$$
$$\frac{9}{10} =$$

⑥
$$\frac{25}{100} =$$
$$\frac{125}{1\,000} =$$
$$\frac{7}{100} =$$

⑦
$$\frac{2}{10} =$$
$$\frac{75}{100} =$$
$$\frac{5}{1\,000} =$$

⑧
$$\frac{4}{10} =$$
$$\frac{375}{1\,000} =$$
$$\frac{5}{100} =$$

⑨

$11^2 =$ 　　　　 $10^2 =$ 　　　　 $13^2 =$ 　　　　 $6^3 =$

$15^2 =$ 　　　　 $12^2 =$ 　　　　 $14^2 =$ 　　　　 $4^3 =$

⑩

+	$\frac{1}{2}$	$\frac{1}{3}$	$\frac{1}{4}$	$\frac{1}{5}$	$\frac{1}{6}$
$\frac{1}{5}$	$\frac{2+5}{10} = \frac{7}{10}$				
$\frac{1}{4}$					
$\frac{1}{3}$					
$\frac{1}{2}$					
1					

* Schreibe „n. l." bei nicht lösbaren Aufgaben.

① **Merke:**

$\frac{1}{2} =$ 0,5	$\frac{1}{8} =$	$\frac{1}{5} =$
$\frac{1}{4} =$	$\frac{3}{8} =$	$\frac{2}{5} =$
$\frac{3}{4} =$	$\frac{5}{8} =$	$\frac{3}{5} =$
$\frac{1}{10} =$	$\frac{7}{8} =$	$\frac{4}{5} =$

Rechentrick bei  (siehe Seite 7, 15 und 29)

②
5,25 € + 0,99 € =
16,40 € + 3,98 € =
7,50 € + 9,99 € =
15,60 € − 5,99 € =
4,80 € − 1,99 € =
19,30 € − 7,98 € =

③
3,99 € · 5 =
8,99 € · 3 =
12,99 € · 2 =
4,98 € · 4 =
11,98 € · 3 =
3,98 € · 8 =

④

−	9,99 €
10,00 €	
15,00 €	
14,50 €	
21,80 €	
13,45 €	
50,00 €	

⑤ *

−	$\frac{1}{3}$	$\frac{1}{4}$	$\frac{1}{5}$	$\frac{1}{6}$	$\frac{1}{10}$
1	$\frac{2}{3}$				
$\frac{1}{2}$	$\frac{3-2}{6} = \frac{1}{6}$				
$\frac{1}{3}$	0				
$\frac{1}{4}$	$\frac{3-4}{12}$ n. l.				
$\frac{1}{5}$					

* Schreibe „n. l." bei nicht lösbaren Aufgaben.

Schreibe als Dezimalzahl.

①
$3\frac{1}{4} =$ **3,25**
$4\frac{1}{5} =$
$1\frac{1}{2} =$
$9\frac{2}{5} =$
$1\frac{3}{4} =$
$2\frac{7}{10} =$
$6\frac{1}{4} =$

②
$5\frac{1}{8} =$
$2\frac{3}{4} =$
$6\frac{3}{5} =$
$8\frac{3}{8} =$
$3\frac{1}{10} =$
$1\frac{7}{8} =$
$4\frac{1}{8} =$

③
$9\frac{1}{4} =$
$1\frac{5}{8} =$
$3\frac{4}{5} =$
$7\frac{1}{2} =$
$6\frac{1}{4} =$
$2\frac{3}{4} =$
$5\frac{9}{10} =$

Bei einigen Aufgaben kannst du einen Rechentrick anwenden.

④
3,45 € · 3 =
6,99 € · 5 =
7,20 € · 4 =
2,98 € · 8 =
4,60 € · 6 =

⑤
7,50 € + 2,34 € =
6,25 € + 1,99 € =
9,85 € − 3,50 € =
8,60 € − 4,98 € =
6,93 € − 5,10 € =

⑥
6,80 € : 2 =
4,20 € : 7 =
6,15 € : 3 =
7,20 € : 8 =
3,72 € : 6 =

Löse mit Hilfe der Umkehraufgabe.

⑦
____ $- \frac{2}{7} = 3\frac{1}{2}$ K: $3\frac{1}{2} + \frac{2}{7} =$ _____

____ $- \frac{5}{6} = 1\frac{1}{4}$ K: _____

____ $: \frac{1}{4} = 5\frac{1}{2}$ K: _____

____ $: \frac{5}{8} = 2\frac{1}{5}$ K: _____

____ $+ \frac{2}{3} = 6\frac{1}{4}$ K: _____

____ $+ \frac{1}{2} = 4\frac{1}{3}$ K: _____

____ $\cdot \frac{4}{5} = 1\frac{1}{2}$ K: _____

____ $\cdot \frac{1}{10} = 3\frac{3}{4}$ K: _____

$$\text{a) } 0{,}5 = \frac{5}{10} = \frac{1}{2} \qquad\qquad \text{b) } 0{,}75 = \frac{75}{100} = \frac{3}{4}$$

Schreibe als Bruch. Kürze, wenn möglich.

(1)
0,25 = _____

0,4 = _____

0,125 = _____

0,2 = _____

0,375 = _____

0,6 = _____

0,3 = _____

0,7 = _____

(2)
0,8 = _____

0,75 = _____

0,625 = _____

0,5 = _____

0,875 = _____

0,1 = _____

0,9 = _____

0,750 = _____

Bei einigen Aufgaben kannst du einen Rechentrick anwenden.

(3)
435 + 220 =

367 + 199 =

570 + 145 =

228 + 299 =

383 − 170 =

750 − 399 =

985 − 270 =

890 − 340 =

(4)
1,99 · 3 =

2,75 · 2 =

3,98 · 4 =

6,30 · 3 =

5,50 : 5 =

4,80 : 2 =

9,90 : 3 =

1,28 : 4 =

(5)
799 − 350 =

6,99 · 3 =

12,50 : 2 =

345 + 599 =

862 − 499 =

4,98 · 5 =

15,98 · 2 =

14,70 : 7 =

(6)

+	25	50		
	62		137	
		143		110
			169	

(7) *

−				
115	75			80
78		13	78	
40				

38

* Schreibe „n. l." bei nicht lösbaren Aufgaben.

Beim Multiplizieren – Komma nach rechts!

a) $4,46 \cdot 10 = 44,6$ b) $1,75 \cdot 100 = 175$ c) $2,50 \cdot 30 = 75,0$

①
$23,52 \cdot 10 =$

$4,35 \cdot 20 =$

$76,5 \cdot 10 =$

$0,12 \cdot 30 =$

$6,05 \cdot 10 =$

$10,20 \cdot 40 =$

$0,07 \cdot 10 =$

$3,16 \cdot 20 =$

②
$1,425 \cdot 100 =$

$0,27 \cdot 100 =$

$6,4 \cdot 200 =$

$0,540 \cdot 100 =$

$1,25 \cdot 300 =$

$80,05 \cdot 200 =$

$13,05 \cdot 100 =$

$0,99 \cdot 200 =$

③
$3,75 \cdot 20 =$

$0,16 \cdot 300 =$

$47,08 \cdot 10 =$

$1,14 \cdot 400 =$

$0,276 \cdot 20 =$

$8,05 \cdot 100 =$

$0,40 \cdot 500 =$

$10,50 \cdot 50 =$

④

$\frac{3}{4} : 7 = $ _____   K: _____

$\frac{3}{5} : 6 = $ _____   K: _____

$\frac{5}{8} : 4 = $ _____   K: _____

$\frac{7}{10} : 5 = $ _____   K: _____

$\frac{1}{6} : 8 = $ _____   K: _____

⑤

$\cdot$	$\frac{1}{3}$	$\frac{1}{10}$	$\frac{1}{4}$	$\frac{1}{6}$	$\frac{1}{7}$	$\frac{1}{5}$	$\frac{1}{12}$	$\frac{1}{8}$	$\frac{1}{2}$
$\frac{1}{2}$	$\frac{1}{6}$								
$\frac{1}{4}$									
$\frac{1}{5}$									

39

Beim Dividieren – Komma nach links!

Beim Dividieren – Komma nach links!
Beim Multiplizieren – Komma nach rechts!

a) $44,6 : 10 = 4,46$ b) $759 : 100 = 7,59$ c) $66,90 : 30 = 2,23$

    $4,46 \cdot 10 = 44,6$ $7,59 \cdot 100 = 759$ $2,23 \cdot 30 = 66,90$

Kontrolliere mit der Umkehraufgabe.

(1)

$86,50 : 10 = \underline{8,65}\checkmark$ K: $\underline{8,65 \cdot 10 = 86,5}$

$86,50 : 20 = \underline{\hspace{2cm}}$ K: $\underline{\hspace{3cm}}$

$106,08 : 10 = \underline{\hspace{2cm}}$ K: $\underline{\hspace{3cm}}$

$16,08 : 20 = \underline{\hspace{2cm}}$ K: $\underline{\hspace{3cm}}$

$24,60 : 30 = \underline{\hspace{2cm}}$ K: $\underline{\hspace{3cm}}$

$8,40 : 10 = \underline{\hspace{2cm}}$ K: $\underline{\hspace{3cm}}$

$8,40 : 40 = \underline{\hspace{2cm}}$ K: $\underline{\hspace{3cm}}$

$150,00 : 50 = \underline{\hspace{2cm}}$ K: $\underline{\hspace{3cm}}$

(2)

:	10
23,55	
1,76	
10,80	
340,50	
6,99	
37,03	
156,80	

(3)

$178,50 : 100 = \underline{\hspace{2cm}}$ K: $\underline{\hspace{3cm}}$

$36,50 : 200 = \underline{\hspace{2cm}}$ K: $\underline{\hspace{3cm}}$

$9,14 : 100 = \underline{\hspace{2cm}}$ K: $\underline{\hspace{3cm}}$

$18,20 : 200 = \underline{\hspace{2cm}}$ K: $\underline{\hspace{3cm}}$

$120,00 : 300 = \underline{\hspace{2cm}}$ K: $\underline{\hspace{3cm}}$

$7,99 : 100 = \underline{\hspace{2cm}}$ K: $\underline{\hspace{3cm}}$

$820,00 : 400 = \underline{\hspace{2cm}}$ K: $\underline{\hspace{3cm}}$

$63,09 : 100 = \underline{\hspace{2cm}}$ K: $\underline{\hspace{3cm}}$

(4)

:	100
123,50	
15,85	
366,40	
7,05	
44,20	
0,66	
108,90	

(5) *

−	1,50	3,99	10,00	6,98	9,00
9,30					
12,85					
10,50					

* Schreibe „n. l." bei nicht lösbaren Aufgaben.

① Merke:

$0,1 = \dfrac{1}{10} = \underline{\hspace{2em}}$ $0,2 = \underline{\hspace{2em}} = \underline{\hspace{2em}}$ $0,125 = \underline{\hspace{2em}} = \underline{\hspace{2em}}$

$0,5 = \dfrac{5}{10} = \dfrac{1}{2}$ $0,4 = \underline{\hspace{2em}} = \underline{\hspace{2em}}$ $0,3 = \underline{\hspace{2em}} = \underline{\hspace{2em}}$

$0,25 = \underline{\hspace{2em}} = \underline{\hspace{2em}}$ $0,6 = \underline{\hspace{2em}} = \underline{\hspace{2em}}$ $0,625 = \underline{\hspace{2em}} = \underline{\hspace{2em}}$

$0,75 = \underline{\hspace{2em}} = \underline{\hspace{2em}}$ $0,1 = \underline{\hspace{2em}} = \underline{\hspace{2em}}$ $0,9 = \underline{\hspace{2em}} = \underline{\hspace{2em}}$

$0,8 = \underline{\hspace{2em}} = \underline{\hspace{2em}}$ $0,7 = \underline{\hspace{2em}} = \underline{\hspace{2em}}$ $0,375 = \underline{\hspace{2em}} = \underline{\hspace{2em}}$

	Aufgabe:	Bedeutet:	Ich rechne:	Lösung:
②	$0,1 \cdot 35$	$\frac{1}{10}$ von 35	$35 : 10$	$0,1 \cdot 35 = 3,5$
③	$0,3 \cdot 150$	$\frac{3}{10}$ von 150	$150 : 10$, dann $\cdot 3$	
④	$0,75 \cdot 120$			
⑤	$0,2 \cdot 78$			
⑥	$0,25 \cdot 160$			
⑦	$0,5 \cdot 182$			
⑧	$0,1 \cdot 930$			
⑨	$0,75 \cdot 84$			
⑩	$0,6 \cdot 150$			
⑪	$0,5 \cdot 72$			
⑫	$0,25 \cdot 12$			
⑬	$0,125 \cdot 80$			
⑭	$0,625 \cdot 400$			
⑮	$0,375 \cdot 120$			

A	C	E	G	H	I	K	L	N	O	P	R	S	T	V	Y	Ä	Ö
0	$\frac{1}{7}$	$\frac{5}{12}$	$\frac{3}{4}$	0,9	$1\frac{1}{4}$	1,5	2,74	7	21	45	102	169	375	548	735	873	1000

$150 : 100 =$ 🟠　　$3 \cdot 0{,}25 =$ 🟡　　$250 : \frac{1}{4} =$ 🔵

$0{,}75 + 1{,}99 =$ 🟠　　$73{,}5 \cdot 10 =$ 🟡　　$84 : 12 =$ 🔵

$\frac{5}{18} : \frac{2}{3} =$ 🟠　　$450 : 10 =$ 🟡　　$1\frac{17}{20} - \frac{3}{5} =$ 🔵

$3\frac{1}{2} : \frac{1}{6} =$ 🟠　　$75 \cdot 5 =$ 🟡　　$7{,}5 : 10 =$ 🔵

$0{,}75 \cdot 60 =$ 🟠　　$1\frac{2}{28} + \frac{1}{7} =$ 🟡　　$3\frac{1}{8} \cdot \frac{2}{5} =$ 🔵

$\frac{20}{35} - \frac{4}{7} =$ 🟠　　$13^2 =$ 🟡　　$175 : 25 =$ 🔵

$874 - 499 =$ 🟠　　$\frac{5}{7} : 5 =$ 🟡　　$349 + 199 =$ 🟣

$0{,}25 \cdot 408 =$ 🟠　　$90 : 100 =$ 🟡　　$\frac{1}{28} : \frac{1}{4} =$ 🟢

$\frac{7}{25} \cdot 0 =$ 🟠　　$\frac{13}{24} - \frac{1}{8} =$ 🟡　　$\frac{7}{10} + \frac{2}{10} =$ 🟢

$9 \cdot 97 =$ 🟡　　$0{,}3 \cdot 5 =$ 🔵　　$6 \cdot 17 =$ 🟢

🟧🟧🟧🟧🟧🟧🟧🟧 war eine berühmte 🟨🟨🟨🟨🟨🟨🟨🟨🟨🟨

🟦🟦🟦🟦🟦🟦 , die von 69 bis 30 🟪 . 🟩🟩🟩 ., also vor über

2 000 Jahren lebte.

①

·	10	20	100	1 000
36,50	365,00			
125,75				
0,16				

②

:	1	10	100	1 000
195,20				
61 325,65				
8 576,99				

③
0,5 · 360 =
0,1 · 135 =
0,7 · 500 =

④
0,25 · 240 =
0,75 · 400 =
0,30 · 170 =

⑤
0,8 · 76 =
0,2 · 45 =
0,5 · 11 =

Rechne so weit du kannst. Fertig, los!

⑥
1,99 · 20 =
2,99 · 18 =
3,99 · 16 =
4,99 · 14 =
5,99 · 12 =

⑦
$1 + \frac{1}{2} =$
$1\frac{1}{4} + \frac{1}{3} =$
$1\frac{1}{2} + \frac{1}{4} =$
$1\frac{3}{4} + \frac{1}{5} =$
$2 + \frac{1}{6} =$

⑧
0,0 · 1000 =
0,1 · 950 =
0,2 · 900 =
0,3 · 850 =

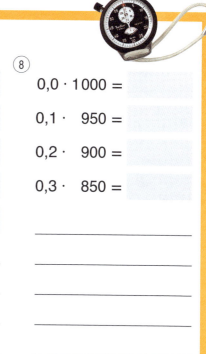

Mathe-fit-Test 4

(1)

$\frac{1}{2} =$ **0,5** $\qquad \frac{1}{8} = \qquad\qquad \frac{3}{4} = \qquad\qquad \frac{1}{5} =$

$\frac{1}{4} = \qquad\qquad \frac{5}{8} = \qquad\qquad \frac{7}{10} = \qquad\qquad \frac{3}{5} =$

(2)

$6,50 + 2,50 = \qquad 8,20 - 2,70 = \qquad 7,99 \cdot 4 =$

$2,75 + 3,99 = \qquad 5,38 - 3,99 = \qquad 3,50 \cdot 8 =$

$3,80 + 1,60 = \qquad 6,10 - 1,50 = \qquad 2,98 \cdot 6 =$

(3)

$0,4 = \dfrac{\cancel{4} \quad 2}{\cancel{10} \quad 5} \qquad\qquad 0,375 = \underline{\qquad} \qquad\qquad 0,9 = \underline{\qquad}$

$0,25 = \underline{\qquad} \qquad\qquad 0,625 = \underline{\qquad} \qquad\qquad 0,75 = \underline{\qquad}$

(4)

$0,73 \cdot 100 = \qquad 17,50 : 10 = \qquad 866,40 : 100 =$

$4,08 \cdot \ 10 = \qquad 6,99 : 10 = \qquad 40,38 : 200 =$

$0,50 \cdot 200 = \qquad 20,36 : 10 = \qquad 190,99 : 100 =$

(5)

$\frac{1}{2} + \frac{1}{6} = \underline{\qquad} \qquad \frac{4}{5} \cdot \frac{3}{4} = \underline{\qquad} \qquad \frac{5}{13} : \frac{2}{7} = \underline{\qquad}$

$\frac{1}{4} + \frac{3}{8} = \underline{\qquad} \qquad \frac{1}{2} \cdot \frac{3}{7} = \underline{\qquad} \qquad \frac{1}{4} : \frac{3}{9} = \underline{\qquad}$

$\frac{3}{5} - \frac{1}{8} = \underline{\qquad} \qquad \frac{5}{9} \cdot \frac{1}{8} = \underline{\qquad} \qquad \frac{7}{12} : \frac{3}{8} = \underline{\qquad}$

$\frac{5}{6} - \frac{1}{7} = \underline{\qquad} \qquad \frac{1}{4} \cdot \frac{1}{12} = \underline{\qquad} \qquad \frac{6}{10} : 4 = \underline{\qquad}$

(6)

$0,5 \cdot 86 = \qquad 0,25 \cdot 180 = \qquad 0,125 \cdot 96 =$

$0,1 \cdot 94 = \qquad 0,8 \cdot 320 = \qquad 0,625 \cdot 72 =$

$0,3 \cdot 40 = \qquad 0,75 \cdot 800 = \qquad 0,875 \cdot 16 =$

Du hast ☐ Aufgaben richtig gelöst.

(1)

Aufgabe:	Ich rechne:
$3 \cdot 1{,}7 = 5{,}1$	$3 \cdot 17 = 51$, dann Komma (1 Stelle!) $5{,}1$
$18 \cdot 0{,}4 = 7{,}2$	$18 \cdot 4 = 72$, dann Komma (1 Stelle!) $7{,}2$
$19 \cdot 0{,}05 = 0{,}95$	$19 \cdot 5 = 95$, dann Komma (2 Stellen!) $0{,}95$
$1{,}4 \cdot 0{,}7 =$	$14 \cdot 7 = 98$, dann Komma (2 Stellen!) $0{,}98$
$6 \cdot 1{,}3 =$	
$15 \cdot 0{,}5 =$	
$12 \cdot 0{,}08 =$	
$1{,}8 \cdot 0{,}6 =$	

(2)

$5 \cdot 1{,}7 =$

$9 \cdot 1{,}7 =$

$3 \cdot 1{,}9 =$

$7 \cdot 1{,}9 =$

$6 \cdot 1{,}2 =$

$9 \cdot 1{,}2 =$

(3)

$12 \cdot 0{,}06 =$

$14 \cdot 0{,}08 =$

$18 \cdot 0{,}07 =$

$13 \cdot 0{,}04 =$

$16 \cdot 0{,}07 =$

$19 \cdot 0{,}08 =$

(4)

$1{,}3 \cdot 0{,}9 =$

$1{,}5 \cdot 0{,}8 =$

$1{,}7 \cdot 0{,}7 =$

$1{,}6 \cdot 0{,}4 =$

$1{,}4 \cdot 0{,}3 =$

$1{,}8 \cdot 0{,}9 =$

(5)

$3{,}5 + 0{,}75 + 1{,}75 =$

$0{,}5 + 2{,}25 + 0{,}75 =$

$4{,}75 + 3{,}20 + 0{,}25 =$

$0{,}60 + 1{,}80 + 2{,}50 =$

(6)

$7{,}10 + 3{,}75 + 2{,}90 =$

$0{,}60 + 1{,}30 + 4{,}20 =$

$1{,}99 + 0{,}99 + 3{,}99 =$

$2{,}50 + 0{,}25 + 1{,}99 =$

(7)

Zahl x	50	160	70	180	900	1 000
$\frac{1}{4}$ x	$12\frac{1}{2}$					
$\frac{3}{4}$ x						
$\frac{1}{2}$ x						

45

(1)

Aufgabe:	Ich rechne:
$19 \cdot 0{,}007 = 0{,}133$	$19 \cdot 7 = 133$, dann Komma (3 Stellen!) $0{,}133$
$2{,}7 \cdot 5 =$	$27 \cdot 5 =$
$0{,}6 \cdot 1{,}07 =$	
$0{,}04 \cdot 37 =$	

(2)

$13 \cdot 0{,}007 =$

$15 \cdot 0{,}009 =$

$17 \cdot 0{,}004 =$

$12 \cdot 0{,}008 =$

$16 \cdot 0{,}005 =$

$14 \cdot 0{,}006 =$

(3)

$2{,}8 \cdot 3 =$

$3{,}2 \cdot 6 =$

$2{,}8 \cdot 5 =$

$3{,}4 \cdot 2 =$

$2{,}8 \cdot 4 =$

$5{,}1 \cdot 7 =$

(4)

$0{,}3 \cdot 1{,}08 =$

$0{,}4 \cdot 1{,}12 =$

$0{,}9 \cdot 1{,}07 =$

$0{,}6 \cdot 1{,}13 =$

$0{,}2 \cdot 2{,}35 =$

$0{,}3 \cdot 3{,}23 =$

(5)

$370 + 236 =$

$436 + 199 =$

$740 + 153 =$

(6)

$890 - 340 =$

$635 - 250 =$

$768 - 499 =$

(7)

$1\,000 - 480 =$

$1\,000 - 899 =$

$1\,000 - 528 =$

(8)

$15^2 =$ $\qquad$ $14^2 =$ $\qquad$ $13^2 =$ $\qquad$ $2^6 =$

$12^2 =$ $\qquad$ $11^2 =$ $\qquad$ $10^3 =$ $\qquad$ $5^3 =$

Löse mit Hilfe der Umkehraufgabe.

(9)

$\underline{} - \frac{3}{8} = 2\frac{1}{4}$ $\qquad$ K: $2\frac{1}{4} + \frac{3}{8} =$ _____

$\underline{} : 17 = 6$ $\qquad$ K: _____

$\underline{} + \frac{3}{4} = 1\frac{1}{3}$ $\qquad$ K: _____

$\underline{} - 63 = 94$ $\qquad$ K: _____

$\underline{} \cdot \frac{5}{6} = 1\frac{1}{4}$ $\qquad$ K: _____

$\underline{} + 99 = 126$ $\qquad$ K: _____

$\underline{} : \frac{2}{3} = 5$ $\qquad$ K: _____

$$\text{a) } 1 : 4 = \frac{1}{4} = \frac{25}{100} = 0{,}25 \qquad \text{b) } 1 : 25 = \frac{1}{25} = \frac{4}{100} = 0{,}04$$

Schreibe und rechne wie in den Beispielen.

**① **

1 : 5 = _____

1 : 20 = _____

3 : 4 = _____

6 : 25 = _____

1 : 2 = _____

1 : 8 = _____

4 : 5 = _____

7 : 20 = _____

② *

3 : 5   = _____

1 : 50 = _____

7 : 10 = _____

1 : 100 = _____

3 : 0   = _____

33 : 100 = _____

9 : 25 = _____

7 : 50 = _____

**③ **

4,50 € · 4 =

3,99 € · 6 =

6,20 € · 3 =

0,99 € · 8 =

7,15 € · 2 =

9,98 € · 5 =

**④ **

9,00 € − 2,50 € − 2,50 € =

10,50 € − 1,25 € − 0,75 € =

8,00 € − 2,99 € − 1,99 € =

3,80 € + 1,50 € + 6,20 € =

5,50 € + 3,99 € + 1,99 € =

7,00 € + 8,50 € + 0,99 € =

**⑤ **

·	0,36	2,8	25	1,5	0,17
3	1,08				
0,7					
10					
0,04					
6					
0,5					

* Schreibe „n. l." bei nicht lösbaren Aufgaben.

① Merke:

$3,5 = $ **$3\frac{1}{2}$**	$0,5 = $	$2,25 = $
$0,25 = $	$0,75 = $	$1,75 = $
$2,1 = $	$0,08 = $	$3,5 = $
$0,125 = $	$0,375 = $	$0,625 = $

②

Aufgabe:	Ich rechne:
$3,5 \cdot 230 = 805$	$3 \cdot 230 = 690$ / $\frac{1}{2}$ von $230 = 115$ / $690 + 115$
$2,25 \cdot 1,60 = 3,60$	$2 \cdot 1,60 = 3,20$ / $\frac{1}{4}$ von $1,60 = 0,40$
$0,375 \cdot 320 = $	$\frac{3}{8}$ von 320 / $\frac{1}{8}$
$0,07 \cdot 80 = $	$\frac{7}{100}$ von 320 / $\frac{1}{100}$
$120 \cdot 0,75 = $	$\frac{3}{4}$ von 120

③
$1,125 \cdot 80 = $

$0,09 \cdot 170 = $

$0,25 \cdot 12 = $

$14 \cdot 4,50 = $

$350 \cdot 0,03 = $

④
$0,625 \cdot 24 = $

$50 \cdot 0,04 = $

$20 \cdot 2,75 = $

$3,2 \cdot 40 = $

$420 \cdot 0,5 = $

⑤
$43 \cdot 0,7 = $

$52 \cdot 0,07 = $

$0,75 \cdot 64 = $

$96 \cdot 1,50 = $

$0,25 \cdot 360 = $

⑥
$735 - 299 = $

$850 - 623 = $

⑦
$256 + 199 = $

$388 + 220 = $

⑧
$930 - 799 = $

$670 - 180 = $

⑨

+	$\frac{1}{2}$	$\frac{1}{4}$	$\frac{1}{5}$
$\frac{3}{4}$			
$\frac{2}{5}$			

⑩

−	$\frac{1}{2}$	$\frac{1}{3}$	$\frac{1}{5}$
$\frac{3}{4}$			
$\frac{4}{5}$			

①

Aufgabe:	Ich rechne:
3,20 : 4 = 0,80	32 : 4 = 8, dann ist 3,20 : 4 = 0,80
1,80 : 20 = 0,09	180 : 20 = 9, dann ist 1,80 : 20 = 0,09
1,60 : 8 =	16 : 8 = 2, dann ist
7,60 : 19 =	

②
1,80 : 3 =
2,40 : 8 =
3,20 : 8 =
7,20 : 9 =
6,40 : 8 =
2,70 : 3 =

③
1,40 : 20 =
1,20 : 30 =
1,50 : 50 =
2,40 : 80 =
0,60 : 20 =
3,60 : 40 =

④
7,20 : 12 =
13,50 : 15 =
9,80 : 14 =
10,80 : 18 =
9,10 : 13 =
7,50 : 15 =

Rechentrick für **mal**

Beispiel: schwer: 14 · 19 =

leicht: 19 · 14 =   266

Ich rechne: 20 · 14 = 280, dann – 14.

⑤
13 · 19 =
15 · 19 =
17 · 19 =
18 · 19 =

⑥
19 · 12 =
19 · 20 =
19 · 16 =
19 · 11 =

⑦
25 · 19 =
34 · 19 =
26 · 19 =
35 · 19 =

⑧

·	$\frac{1}{2}$	$\frac{1}{4}$	$\frac{1}{5}$
$\frac{3}{4}$			

⑨

:	$\frac{1}{2}$	$\frac{1}{4}$	$\frac{1}{5}$
$\frac{3}{4}$			

Aufgabe:	Ich rechne:	Ich kontrolliere:
1,8 : 0,3 = 6 ✓	18 : 3 = 6	6 · 0,3 = 1,8
36 : 0,04 =	3 600 : 4 = 900	900 · 0,04 = 36,00
1,6 : 0,08 =	160 : 8 = 20	20 · 0,08 = 1,60
27 : 0,9 =	270 : 9 =	
0,6 : 0,03 =	60 : 3 =	

Erweitere wie in den Beispielen. Kontrolliere mit der Umkehraufgabe.

②

1,8 : 0,2 = _____   K: ___·0,2 = _____

3,5 : 0,7 = _____   K: _____

0,8 : 0,04 = _____   K: _____

2,4 : 0,6 = _____   K: _____

0,08 : 0,02 = _____   K: _____

35 : 0,7 = _____   K: _____

0,6 : 0,02 = _____   K: _____

2,7 : 0,9 = _____   K: _____

0,04 : 0,02 = _____   K: _____

56 : 0,8 = _____   K: _____

4,9 : 0,07 = _____   K: _____

5,08 : 0,1 = _____   K: _____

6,3 : 0,09 = _____   K: _____

5,5 : 0,5 = _____   K: _____

48 : 0,06 = _____   K: _____

③

6 000 : 300 =

6 000 : 20 =

8 000 : 400 =

4 000 : 200 =

④

32 000 : 4 000 =

1 800 : 600 =

24 000 : 8 000 =

72 000 : 900 =

⑤

240 : 60 =

1 800 : 90 =

580 : 20 =

6 400 : 80 =

1

7,2 : 1,2 = _____ K: _____

4,8 : 1,2 = _____ K: _____

6,0 : 1,2 = _____ K: _____

9,1 : 1,3 = _____ K: _____

3,9 : 1,3 = _____ K: _____

12,6 : 1,4 = _____ K: _____

7,0 : 1,4 = _____ K: _____

3

:	10
12,50	
36	
0,75	
7,99	
12,50	
138	
0,17	

2

1,25 : 0,25 = _____ K: _____

0,75 : 0,25 = _____ K: _____

2,00 : 0,25 = _____ K: _____

1,50 : 0,25 = _____ K: _____

2,25 : 0,25 = _____ K: _____

1,75 : 0,25 = _____ K: _____

2,50 : 0,25 = _____ K: _____

4

:	100
163,55	
17,20	
5,99	
750,85	
83,10	
210,99	
99,54	

5 $3\frac{1}{2} : \frac{3}{5} =$ _____ K: _____

6 $2\frac{1}{4} : 1\frac{1}{2} =$ _____ K: _____

7 $4\frac{1}{3} : \frac{1}{4} =$ _____ K: _____

8 $5\frac{3}{4} : 1\frac{2}{3} =$ _____ K: _____

9

−		55	199
250	170		
		280	335
			721

10

+	66	125	299
	450		
		720	
			659

51

A	C	E	G	H	I	K	L	M	N	O	R	S	T	U	W
0	$\frac{1}{1000}$	0,05	$\frac{1}{16}$	0,5	0,75	1	1,75	2,4	3,2	8	90	126	437	750	999

$\frac{5}{7} - \frac{45}{63} =$ $7 \cdot 18 =$ $1000 \cdot 0,75 =$

$\frac{7}{16} - \frac{3}{8} =$ $238 + 199 =$ $8,74 : 0,02 =$

$3^5 - 243 =$ $3\frac{3}{4} : 5 =$ $7,2 : 0,9 =$

$19 \cdot 23 =$ $0,025 \cdot 2 =$ $36 : 0,4 =$

$50 : 100 =$ $\frac{7}{7} \cdot \frac{11}{11} =$ $3,50 - 2,75 =$

$\frac{9}{16} \cdot \frac{0}{70} =$ $0,75 \cdot 120 =$ $12,8 \cdot 0,25 =$

$0,01 \cdot 0,1 =$ $\frac{3}{32} : \frac{1}{8} =$ $9\,990 : 10 =$

$\frac{15}{18} - \frac{3}{9} =$ $8 \cdot 0,3 =$ $\frac{69}{100} - \frac{16}{25} =$

$589 - 499 =$ $0,125 \cdot 6 =$ $4,74 - 2,99 =$

$1,50 : 2 =$ $\frac{324}{4} - 9^2 =$ $4,37 \cdot 100 =$

☐☐☐☐☐ ☐☐☐☐☐☐ ist die meistgelesene

☐☐☐☐☐-☐☐☐☐☐☐ der ☐☐☐☐ .

① **Merke:**
$0{,}5 = \dfrac{1}{2}$ $0{,}25 = \underline{}$ $0{,}75 = \underline{}$ $0{,}125 = \underline{}$

②
$0{,}5 \cdot 420 =$
$0{,}1 \cdot 633 =$
$0{,}25 \cdot 3{,}6 =$

③
$0{,}75 \cdot 4{,}0 =$
$0{,}5 \cdot 760 =$
$0{,}25 \cdot 72 =$

④
$0{,}125 \cdot 640 =$
$0{,}625 \cdot 56 =$
$0{,}375 \cdot 320 =$

⑤
$5 \cdot 1{,}6 =$
$7 \cdot 0{,}08 =$
$1{,}7 \cdot 0{,}3 =$

⑥
$14 \cdot 0{,}003 =$
$19 \cdot 0{,}06 =$
$17 \cdot 0{,}004 =$

⑦
$0{,}8 \cdot 1{,}04 =$
$0{,}1 \cdot 5{,}98 =$
$0{,}3 \cdot 2{,}05 =$

⑧
$4{,}50 : 9 =$
$6{,}30 : 7 =$
$0{,}72 : 8 =$

⑨
$10{,}5 : 1{,}5 =$
$0{,}9 : 0{,}03 =$
$8{,}4 : 1{,}4 =$

⑩ *
$2{,}7 : 0{,}09 =$
$24 : 0{,}00 =$
$22{,}5 : 2{,}5 =$

Rechne so weit du kannst. Fertig, los!

⑪
$80 \cdot 0{,}75 =$
$160 \cdot 0{,}75 =$
$240 \cdot 0{,}75 =$
$320 \cdot 0{,}75 =$
$400 \cdot \underline{}$

⑫
$\dfrac{1}{20} + \dfrac{1}{10} =$
$\dfrac{2}{18} + \dfrac{1}{9} =$
$\dfrac{3}{16} + \dfrac{1}{8} =$
$\dfrac{4}{14} + \underline{}$

⑬
$0{,}25 : 0{,}05 =$
$0{,}36 : 0{,}06 =$
$0{,}49 : 0{,}07 =$
$0{,}64 : 0{,}08 =$

* Schreibe „n. l." bei nicht lösbaren Aufgaben.   53

Mathe-fit-Test 5

(1)

$\frac{5}{8} + \frac{1}{3} =$ _____ $\frac{4}{25} + \frac{3}{5} =$ _____ $2\frac{1}{2} + \frac{3}{4} =$ _____

$1\frac{1}{4} - \frac{1}{2} =$ _____ $\frac{5}{6} - \frac{2}{3} =$ _____ $\frac{7}{8} - \frac{5}{6} =$ _____

(2)

$22 \cdot 19 =$ $\qquad$ $19 \cdot 27 =$ $\qquad$ $6 \cdot 29 =$

$15 \cdot 19 =$ $\qquad$ $19 \cdot 32 =$ $\qquad$ $3 \cdot 39 =$

(3)

$4 \cdot 1,8 \quad =$ $\qquad$ $0,006 \cdot 18 =$ $\qquad$ $0,08 \cdot 0,9 =$

$15 \cdot 0,03 =$ $\qquad$ $1,06 \cdot 0,8 \ =$ $\qquad$ $1,25 \cdot 0,5 =$

$8 \cdot 0,7 \quad =$ $\qquad$ $2,5 \cdot 1,1 \quad =$ $\qquad$ $3,9 \cdot 0,02 =$

(4)

$6,50 + 1,99 + 3,25 =$ $\qquad\qquad$ $10,00 - 3,99 - 1,99 =$

$2,80 + 4,05 + 0,99 =$ $\qquad\qquad$ $9,50 - 2,50 - 5,00 =$

(5)

$\frac{3}{8} \cdot \frac{3}{4} =$ _____ $\frac{7}{9} \cdot \frac{5}{6} =$ _____ $\frac{9}{25} \cdot \frac{4}{5} =$ _____

$\frac{1}{5} : \frac{2}{3} =$ _____ $\frac{3}{7} : \frac{2}{5} =$ _____ $1\frac{1}{4} : \frac{1}{2} =$ _____

(6)

$5,99 \cdot 4 =$ $\qquad$ $12,50 \cdot 4 =$ $\qquad$ $7,99 \cdot 100 =$

$2,25 \cdot 3 =$ $\qquad$ $13,99 \cdot 5 =$ $\qquad$ $18,75 \cdot \ \ 10 =$

(7)

$2,70 : 90 =$ $\qquad$ $1,6 : 0,2 =$ $\qquad$ $2,1 : 0,07 =$

$4,20 : \ 7 =$ $\qquad$ $56 : 0,8 =$ $\qquad$ $0,6 : 0,01 =$

$7,20 : 12 =$ $\qquad$ $0,8 : 0,4 =$ $\qquad$ $0,72 : 0,08 =$

$5,40 : \ 6 =$ $\qquad$ $3,5 : 0,5 =$ $\qquad$ $2,00 : 0,25 =$

$6,40 : 80 =$ $\qquad$ $9,0 : 1,5 =$ $\qquad$ $680 : 0,02 =$

Du hast ☐ Aufgaben richtig gelöst.

①
60 · 27 =
120 / 42 / 1620
30 · 57 =

50 · 63 =

②
38 · 40 =

75 · 30 =

46 · 80 =

③
50 · 94 =

85 · 70 =

20 · 98 =

④

⑤

⑥

⑦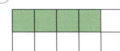

$\frac{5}{8} = 0,$

⑧
6,83 − 2,99 =
5,70 + 3,40 =
7,17 − 3,10 =
3,85 + 1,99 =

⑨
9,35 : 10 =
0,99 : 10 =
1,17 · 10 =
0,82 · 10 =

⑩
6,99 · 5 =
3,80 · 4 =
2,99 · 7 =
8,12 · 3 =

⑪

·	5	7	20	3	8	16	50
12							
25							
15							
75							

⑫
0,08 · 40 =
0,25 · 80 =

⑬
3,6 · 60 =
1,5 · 46 =

⑭
30 · 0,04 =
0,75 · 52 =

55

①
$19 \cdot 16 =$

$320 / 304$

$18 \cdot 19 =$

_____

②
$19 \cdot 23 =$

_____

$24 \cdot 19 =$

_____

③
$42 \cdot 19 =$

_____

$19 \cdot 36 =$

_____

④
$\frac{5}{7} = \dfrac{45}{}$

$\frac{35}{63} = \dfrac{}{9}$

⑤
$\frac{3}{8} = \dfrac{21}{}$

$\frac{72}{100} = \dfrac{}{25}$

⑥
$\frac{12}{15} = \dfrac{72}{}$

$\frac{45}{60} = \dfrac{3}{}$

⑦
$\frac{7}{25} = \dfrac{42}{}$

$\frac{64}{68} = \dfrac{16}{}$

⑧
$9{,}70 - 4{,}99 =$

$7{,}50 - 3{,}60 =$

$3{,}25 + 6{,}40 =$

$1{,}98 + 5{,}76 =$

⑨
$7{,}99 \cdot 4 =$

$5{,}60 \cdot 8 =$

$2{,}98 \cdot 7 =$

$9{,}30 \cdot 9 =$

⑩
$17{,}96 : 10 =$

$24{,}80 : 20 =$

$50{,}33 : 10 =$

$68{,}24 : 20 =$

⑪ $\frac{3}{7} +$ ___ $= 1\frac{1}{2}$ K: _____

⑫ $\frac{6}{5} +$ ___ $= 1\frac{1}{4}$ K: _____

⑬ $\frac{1}{3} +$ ___ $= 1\frac{3}{5}$ K: _____

⑭ $\frac{4}{9} +$ ___ $= 1\frac{2}{3}$ K: _____

⑮

·	1,80	160	0,6	34	6,30	1 500	0,05
0,5							
1,5							
0,2							

1)

42 : 0,1 =

2,40 : 80 =

57 : 0,01 =

2,70 : 0,9 =

2)

0,63 : 0,09 =

8,40 : 0,2 =

0,24 : 0,06 =

790 : 0,1 =

3)

12 : 0,3 =

1,20 : 4 =

150 : 0,5 =

0,80 : 0,1 =

4)

·	10	1	0,1	0,5
13,50				
7,20				
24,80				
0,60				

5) ___ $\cdot \frac{3}{4} = 1\frac{1}{2}$ K: _____

6) ___ $\cdot \frac{7}{15} = \frac{5}{12}$ K: _____

7) ___ $\cdot \frac{5}{8} = 3\frac{1}{4}$ K: _____

8) ___ $\cdot \frac{7}{12} = \frac{3}{5}$ K: _____

9)

267 + 430 =

382 + 599 =

748 − 199 =

968 − 450 =

10)

2,70 : 9 =

2,50 : 5 =

6,30 : 7 =

5,60 : 8 =

11)

3 · ___ = 225

7 · ___ = 105

9 · ___ = 108

7 · ___ = 175

12)

+	$\frac{1}{4}$	$\frac{1}{2}$	$\frac{1}{8}$	$\frac{1}{6}$	$\frac{1}{3}$	$\frac{1}{10}$
$\frac{1}{4}$						
$\frac{1}{2}$						

① 4 · 1,8 = 7,2 ✓ K: 7,2 : 1,8 = 72 : 18 = 4
② ___ · 1,5 = 13,5 K: _____
③ ___ · 1,3 = 10,4 K: _____
④ ___ · 1,7 = 8,5 K: _____
⑤ ___ · 1,9 = 7,6 K: _____
⑥ ___ · 1,4 = 12,6 K: _____
⑦ ___ · 1,6 = 9,6 K: _____

⑧
28 000 : 7 000 =
45 000 : 900 =
2 400 : 800 =
72 000 : 9 000 =

⑨
284 + 399 =
895 − 240 =
170 + 330 =
743 − 598 =

⑩
6 · 68 =
4 · 83 =
7 · 48 =
9 · 72 =

⑪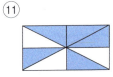
$\frac{5}{8}$ = 0,

⑫
— = 0,

⑬
— = 0,

⑭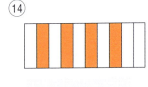
— =

⑮ *

−	$\frac{1}{4}$	$\frac{1}{2}$	$\frac{1}{3}$	$\frac{3}{5}$
$\frac{5}{6}$	$\frac{10-3}{12} = \frac{7}{12}$			
$\frac{3}{4}$				
$1\frac{1}{2}$				
$\frac{4}{5}$				
$\frac{1}{4}$				

58 * Schreibe „n. l." bei nicht lösbaren Aufgaben.

① _____ $: 1{,}7 = 4$ K: $4 \cdot 1{,}7 =$ _____

② _____ $: 0{,}05 = 13$ K: _____

③ _____ $\cdot\, 0{,}2 = 16$ K: _____

④ _____ $\cdot\, 9 = 8{,}1$ K: _____

⑤ _____ $+ 1{,}65 = 5{,}80$ K: _____

⑥ _____ $+ 0{,}99 = 4{,}72$ K: _____

⑦ _____ $\cdot\, 2{,}5 = 7{,}5$ K: _____

⑧ _____ $\cdot\, 0{,}09 = 2{,}7$ K: _____

⑨ _____ $- 4{,}99 = 8{,}50$ K: _____

⑩ _____ $- 1{,}25 = 3{,}75$ K: _____

⑪ _____ $: 10 = 4{,}08$ K: _____

⑫ _____ $: 0{,}002 = 17$ K: _____

⑬
$\frac{5}{12} + \frac{7}{18} =$ _____

$\frac{6}{7} + \frac{4}{5} =$ _____

$\frac{7}{25} + \frac{9}{10} =$ _____

$\frac{8}{15} + \frac{5}{6} =$ _____

⑭
$\frac{14}{20} - \frac{3}{8} =$ _____

$\frac{15}{36} - \frac{5}{12} =$ _____

$\frac{11}{16} - \frac{13}{20} =$ _____

$\frac{13}{25} - \frac{1}{2} =$ _____

⑮

$\cdot$	$\frac{1}{3}$	$\frac{1}{2}$	$\frac{3}{10}$	$\frac{3}{7}$	$\frac{5}{12}$	$\frac{7}{25}$	$\frac{8}{13}$
$\frac{1}{6}$							
$\frac{3}{4}$							
$\frac{5}{8}$							

59

① Merke:

$0,5 = \dfrac{1}{2}$ $\quad 0,2 = \dfrac{}{}$ $\quad 0,125 = \dfrac{}{}$ $\quad 0,01 = \dfrac{}{}$

$0,25 = \dfrac{}{}$ $\quad 0,4 = \dfrac{}{}$ $\quad 0,375 = \dfrac{}{}$ $\quad 0,05 = \dfrac{}{}$

$0,75 = \dfrac{}{}$ $\quad 0,6 = \dfrac{}{}$ $\quad 0,625 = \dfrac{}{}$ $\quad 0,001 = \dfrac{}{}$

$0,1 = \dfrac{}{}$ $\quad 0,8 = \dfrac{}{}$ $\quad 0,875 = \dfrac{}{}$ $\quad 0,005 = \dfrac{}{}$

---

②

$0,1 \cdot 3\,600 \quad =$

$0,75 \cdot 28 \quad\quad =$

$0,01 \cdot 4\,200 =$

$0,25 \cdot 220 \quad =$

$0,2 \cdot 1\,000 \quad =$

$0,1 \cdot 870 \quad\quad =$

$0,05 \cdot 900 \quad =$

$0,7 \cdot 310 \quad\quad =$

$0,03 \cdot 700 \quad =$

$0,25 \cdot 360 \quad =$

③

$0,125 \cdot 96 =$

$0,001 \cdot 70 =$

$0,625 \cdot 64 =$

$0,007 \cdot 80 =$

$0,375 \cdot 24 =$

$0,003 \cdot 61 =$

$0,125 \cdot 72 =$

$0,875 \cdot 48 =$

$0,005 \cdot 10 =$

$0,375 \cdot 16 =$

④

$0,1 \cdot 4,2 =$

$0,5 \cdot 8,4 =$

$0,7 \cdot 3,5 =$

$0,2 \cdot 0,2 =$

$0,5 \cdot 6,6 =$

$0,9 \cdot 1,8 =$

$0,4 \cdot 2,5 =$

$0,6 \cdot 3,0 =$

$0,1 \cdot 9,7 =$

$0,5 \cdot 7,6 =$

---

⑤

:	$\frac{1}{4}$	$\frac{1}{10}$	20	$\frac{5}{6}$	7
$\frac{3}{4}$					
36					
$\frac{1}{8}$					
$1\frac{1}{5}$					

1

$3,5 \cdot 0,5 =$

$3,5 : 0,5 =$

$36 \cdot 0,1 =$

$36 : 0,1 =$

$4,5 \cdot 0,5 =$

$4,5 : 0,5 =$

$100 \cdot 0,25 =$

$100 : 0,25 =$

2

$2,7 \cdot 0,9 =$

$2,7 : 0,9 =$

$480 \cdot 0,2 =$

$480 : 0,2 =$

$0,6 \cdot 0,3 =$

$0,6 : 0,3 =$

$20 \cdot 0,5 =$

$20 : 0,5 =$

3

$380 \cdot 0,02 =$

$380 : 0,02 =$

$2,4 \cdot 0,8 =$

$2,4 : 0,8 =$

$30 \cdot 0,01 =$

$30 : 0,01 =$

$5,6 \cdot 0,7 =$

$5,6 : 0,7 =$

4

$9^2 =$ $15^2 =$ $11^2 =$ $7^2 =$

$12^2 =$ $8^2 =$ $14^2 =$ $13^2 =$

5

$: 10 = 0,85$ $: 100 = 0,56$ $: 20 = 5,90$

$\cdot 10 = 1,26$ $\cdot 100 = 23,0$ $\cdot 30 = 1,20$

6

$719 - 310 =$

$862 - 598 =$

$335 + 250 =$

$476 + 399 =$

7

$3,99 \cdot 5 =$

$7,15 \cdot 2 =$

$4,98 \cdot 4 =$

$5,50 \cdot 8 =$

8

$4,80 : 8 =$

$2,80 : 7 =$

$3,60 : 4 =$

$7,20 : 9 =$

9

+		62		99
47	90		200	
		80		
				164

10 *

–	33	99		
	66			75
		53		
85				5

* Schreibe „n. l." bei nicht lösbaren Aufgaben.

A	B	E	F	I	K	N	R	S	T	U	Z	Ä	.
0	0,047	$\frac{5}{72}$	0,54	$\frac{3}{4}$	0,84	1	2,65	8	39	120	763	900	1000

$1{,}8 \cdot 0{,}3 =$ $\qquad$ $\frac{9}{28} + \frac{3}{7} =$ $\qquad$ $807 - 799 =$

$8{,}64 - 5{,}99 =$ $\qquad$ $0{,}01 \cdot 4{,}7 =$ $\qquad$ $312 \cdot \frac{1}{8} =$

$15^2 - 3 \cdot 75 =$ $\qquad$ $48 : 0{,}4 =$ $\qquad$ $\frac{5}{108} : \frac{2}{3} =$

$\frac{5}{7} : \frac{20}{28} =$ $\qquad$ $1{,}80 + 0{,}85 =$ $\qquad$ $180 : \frac{1}{5} =$

$364 + 399 =$ $\qquad$ $13^2 - 130 =$ $\qquad$ $0{,}53 \cdot 5 =$

$75 : 100 =$ $\qquad$ $\frac{15}{32} : \frac{5}{8} =$ $\qquad$ $1000 - 237 =$

$0{,}56 : 0{,}07 =$ $\qquad$ $720 \cdot \frac{1}{6} =$ $\qquad$ $7{,}8 : 0{,}2 =$

$1{,}4 \cdot 0{,}6 =$ $\qquad$ $200 : 25 =$ $\qquad$ $1{,}50 : 2 =$

$0{,}0 : 1{,}5 =$ $\qquad$ $\frac{5}{12} \cdot \frac{1}{6} =$ $\qquad$ $14^2 - 195 =$

$738 - 699 =$ $\qquad$ $5{,}30 : 2 =$ $\qquad$ $301 + 699 =$

lebte 1843 bis 1927.

Sie war die ☐☐☐☐☐ praktische ☐☐☐☐☐ Deutschlands ☐

①
1,25 · 0,2 =

13 · 0,003 =

5 · 1,9 =

0,3 · 1,22 =

7 · 0,6 =

0,08 · 0,4 =

4,3 · 0,02 =

0,006 · 17 =

60 · 0,3 =

0,1 · 6,97 =

0,7 · 0,5 =

②
4,5 : 1,5 =

0,9 : 0,3 =

3,60 : 0,6 =

17,5 : 2,5 =

9,6 : 1,2 =

4,8 : 0,6 =

8,4 : 1,4 =

48 : 0,8 =

13,5 : 1,5 =

10,8 : 1,2 =

5,2 : 1,3 =

③
1,5 · 4,80 =

72 · 0,5 =

1,2 · 400 =

0,5 · 320 =

1,5 · 800 =

0,25 · 4,20 =

1,25 · 200 =

3,2 · 0,25 =

3,6 · 0,5 =

2,5 · 300 =

8 · 0,75 =

Rechne so weit du kannst. Fertig, los!

④
$10\,000 - 15^2 =$

$9\,600 - 14^2 =$

$9\,200 - 13^2 =$

$8\,800 - 12^2 =$

⑤
300 · 0,01 =

600 · 0,02 =

900 · 0,03 =

1 200 · 0,04 =

⑥
$\frac{1}{2} + \frac{1}{3} =$

$\frac{1}{3} + \frac{1}{4} =$

$\frac{1}{4} + \frac{1}{5} =$

$\frac{1}{5} + \frac{1}{6} =$

Mathe-fit-Test 6

(1)

$325 + 460 =$

$263 + 599 =$

$595 + 87 =$

$160 + 633 =$

$487 + 398 =$

(2)

$\frac{3}{7} + \frac{5}{6} =$

$1\frac{1}{2} + \frac{3}{4} =$

$\frac{7}{15} + \frac{4}{5} =$

$\frac{2}{3} + \frac{3}{7} =$

$2\frac{1}{4} + \frac{5}{8} =$

(3)

$3,55 + 0,80 =$

$17,08 + 2,60 =$

$1,75 + 0,75 =$

$16,99 + 3,01 =$

$8,35 + 3,99 =$

(4)

$620 - 130 =$

$485 - 399 =$

$710 - 520 =$

$933 - 698 =$

$844 - 510 =$

(5)

$\frac{5}{7} - \frac{5}{6} =$

$\frac{3}{4} - \frac{2}{7} =$

$1\frac{2}{3} - \frac{1}{2} =$

$\frac{7}{9} - \frac{5}{8} =$

$\frac{9}{10} - \frac{3}{4} =$

(6)

$7,65 - 4,99 =$

$1,50 - 0,75 =$

$3,10 - 2,50 =$

$6,75 - 0,80 =$

$8,33 - 6,98 =$

(7)

$132 \cdot 3 =$

$75 \cdot 6 =$

$4 \cdot 398 =$

$16 \cdot 30 =$

$699 \cdot 9 =$

(8)

$\frac{3}{4} \cdot \frac{2}{3} =$

$\frac{7}{9} \cdot \frac{5}{8} =$

$40 \cdot \frac{1}{4} =$

$\frac{5}{7} \cdot \frac{9}{10} =$

$7 \cdot \frac{5}{6} =$

(9)

$0,375 \cdot 40 =$

$2,99 \cdot 7 =$

$14,20 \cdot 5 =$

$6 \cdot 3,99 =$

$0,75 \cdot 320 =$

(10)

$420 : 7 =$

$150 : 25 =$

$98 : 14 =$

$560 : 80 =$

$945 : 3 =$

(11)

$\frac{1}{5} : \frac{3}{4} =$

$\frac{3}{8} : \frac{5}{7} =$

$\frac{1}{2} : \frac{1}{6} =$

$1\frac{3}{4} : \frac{5}{8} =$

$20 : \frac{1}{5} =$

(12)

$4,2 : 0,07 =$

$8,4 : 1,2 =$

$24 : 0,06 =$

$500 : 0,5 =$

$0,63 : 0,9 =$

Du hast ☐ Aufgaben richtig gelöst.